POR UMA IGREJA JOVEM

ECOS DE FRANCISCO

WELDER LANCIERI MARCHINI

POR UMA IGREJA JOVEM

Roteiro de leitura para a
Exortação pós-sinodal *Christus Vivit*

Paulinas

Dados Internacionais de Catalogação na Publicação (CIP)
(Câmara Brasileira do Livro, SP, Brasil)

Marchini, Welder Lancieri
    Por uma Igreja jovem : roteiro de leitura para a Exortação pós-sinodal Christus Vivit / Welder Lancieri Marchini. – São Paulo: Paulinas, 2020.
    136 p. (Ecos de Francisco)

    Bibliografia
    ISBN 978-85-356-4638-2

    1. Exortações apostólicas (Cartas papais)- Francisco, Papa, 1936 – Juventude 2. Jovens cristãos 3. Pastoral - Juventude 4. Sínodos dos Bispos I. Título II. Série

    20-2262   CDD 262.5

Índice para catálogo sistemático:
1. Sínodos e Exortações : Igreja Católica : Jovens cristãos   262.5

Angélica Ilacqua – Bibliotecária – CRB-8/7057

1ª edição – 2020

Direção-geral: *Flávia Reginatto*

Editores responsáveis: *Vera Ivanise Bombonatto e João Décio Passos*

Copidesque: *Ana Cecilia Mari*

Coordenação de revisão: *Marina Mendonça*

Revisão: *Equipe Paulinas*

Gerente de produção: *Felício Calegaro Neto*

Projeto gráfico: *Manuel Rebelato Miramontes*

Capa e diagramação: *Tiago Filu*

Nenhuma parte desta obra poderá ser reproduzida ou transmitida por qualquer forma e/ou quaisquer meios (eletrônico ou mecânico, incluindo fotocópia e gravação) ou arquivada em qualquer sistema ou banco de dados sem permissão escrita da Editora. Direitos reservados.

Paulinas
Rua Dona Inácia Uchoa, 62
04110-020 – São Paulo – SP (Brasil)
Tel.: (11) 2125-3500
http://www.paulinas.com.br – editora@paulinas.com.br
Telemarketing e SAC: 0800-7010081
© Pia Sociedade Filhas de São Paulo – São Paulo, 2020

Sumário

Siglas e abreviações 7

Introdução 9

    1. Jesus como ideal de vida 9

    2. O que esta obra traz para você, leitor? 11

    3. A quem este livro se destina? 11

    4. Jovens com raízes 13

    5. O jovem vocacionado 14

    6. Eficiência e eficácia 15

    7. "Não deixeis que vos roubem e alegria" 17

O processo sinodal 21

    1. O que é um sínodo? 21

    2. A sinodalidade 24

    3. O processo de preparação do sínodo 27

    4. Uma Igreja com os jovens
    e não para os jovens 44

    5. Para que precisamos da Igreja? 54

    6. O sínodo realizado em outubro de 2018 55

    7. O sínodo como processo 58

    Partilha pastoral 60

A mensagem aos jovens e à pastoral juvenil 63

    1. O jovem como participante da evangelização da Igreja ... 63

    2. A Exortação *Christus Vivit* 64

    3. Estrutura da exortação 65

4. Características da juventude atual 67

5. Jesus jovem é um exemplo para os jovens 74

6. As três verdades 76

7. Caminhos para a juventude e para a pastoral juvenil 80

8. O jovem como protagonista 82

9. Pastoral juvenil e família 87

10. Uma Igreja juvenil 88

11. Igreja acolhedora 88

12. Uma pastoral juvenil "em saída" 90

Partilha pastoral 93

A recepção 97

1. Anunciar o amor de Deus 97

2. Por uma Igreja empática 98

3. Interação com os jovens 100

4. Os jovens como sujeitos 102

5. Em busca da identidade cristã 103

6. Construindo o sujeito cristão e eclesial 104

7. Fundamento bíblico para o entendimento
do sujeito eclesial 106

8. Transformando os jovens em sujeitos 109

9. Caminhos para a juventude 110

10. Ambientes de pastoral juvenil 117

11. Os problemas de uma pastoral juvenil de eventos 124

12. Estratégias de pastoral juvenil 124

Partilha pastoral 128

Conclusão: E o que fica do sínodo? 131

Bibliografia 133

Siglas e abreviações

AL	*Amoris Laetitia*
ChV	*Christus Vivit*
Did	Didaqué
DF	Documento final da XV Assembleia Geral Ordinária do Sínodo dos Bispos
DGAE	Diretrizes Gerais da Ação Evangelizadora da Igreja no Brasil
EG	*Evangelii Gaudium*
GeE	*Gaudete et Exultate*
GS	*Gaudium et Spes*
IL	*Instrumentum Laboris*: os jovens, a fé e o discernimento vocacional
VG	*Veritatis Gaudium*

Introdução

Cristo vive! Essa é a mensagem central da exortação escrita pelo Papa Francisco (ChV 1). Jesus, que é anunciado a cada vez que proclamamos o Evangelho nas celebrações e é vivenciado a cada Eucaristia celebrada, está vivo em nosso meio. É esse Jesus que quer aproximar-se de cada jovem e que ser mais vida para que também o jovem tenha vida e a tenha em abundância (cf. Jo 10,10).

O sínodo para a evangelização da juventude, realizado em outubro de 2018, resultou na exortação publicada pelo Papa Francisco em março de 2019 e que trata da relação que a Igreja deve estabelecer com os jovens. Contudo, muitos fatores envolvem essa relação. O jovem já não é o mesmo, a sociedade também mudou, a relação das pessoas com a religião, isso de forma geral, também já não é a mesma. Então, a pastoral juvenil não pode entender que, agindo da mesma forma, conseguirá alcançar resultados.

Outra questão que se impõe é pensar quais são os resultados que queremos alcançar. Francisco não apenas trata de como pode ser a pastoral juvenil – que aqui entendemos como toda e qualquer forma de trabalho com a juventude –, mas apresenta uma reflexão sobre o sentido que existe abraçarmos a fé cristã. A relação que estabelecemos com os jovens é consequência da experiência cristã que temos em nossas comunidades. Somos chamados por Francisco a criar espaços de empatia onde os jovens se sintam acolhidos.

1. Jesus como ideal de vida

Jesus não é apenas alguém que viveu no passado ou um mero exemplo de vida. Ele é mensagem viva, é o Evangelho de

Deus, a boa-nova anunciada e que se torna vigor não somente para a Igreja, mas para o jovem que, a exemplo do homem de Nazaré, pode assumir o ideal do Reino, que se torna vitalidade para a vida cotidiana.

Quando Jesus deixa de ser vivenciado, transforma-se em uma teoria vazia. A evangelização que não toma como critério a experiência de Jesus cai na doutrinação pela doutrinação. Não se trata aqui de desprezar a doutrina. Ela é a base teórica daquilo que a Igreja busca viver. Mas o caminho não pode ser invertido, e é a doutrina que serve à experiência cristã e não o contrário.

E como proporcionar ao jovem a experiência de Jesus que está vivo e quer vida? Essa é uma experiência querigmática que leva a um encontro com Jesus e ao compromisso com o Evangelho e com o Reino. O desafio não somente da pastoral juvenil, mas da comunidade cristã como um todo, é superar os formalismos da vivência comunitária que muitas vezes se ocupam mais da forma que do conteúdo, mais das regras que do sentido, mais das normas e costumes que da evangelização. Não se trata de abdicar das normas e das formalidades. Trata--se de dar ao Evangelho o valor e a centralidade que ele tem. Todo o resto torna-se, então, consequência.

O título de um documento da Igreja, seja ele uma exortação, uma encíclica, ou uma constituição dogmática, sinaliza sua intenção e a mensagem que quer transmitir para a Igreja. *Christus Vivit* diz justamente da historicidade do cristianismo. Não se trata de uma religião que se resume a teorias, teologia e doutrinas. Trata-se de um modelo de vida, de uma prática que pode ser assumida na história, seja ela no cotidiano da vida de cada jovem, seja nas comunidades eclesiais ou no modo como cada cristão se relaciona socialmente.

2. O que esta obra traz para você, leitor?

Este pequeno livro não quer reescrever a exortação escrita por Francisco. Queremos oferecer algumas chaves de leitura e informações sobre o sínodo e sobre a exortação. Elas não eliminam a necessidade da leitura do texto escrito pelo Papa, mas, sim, a contemplam.

Para entendermos a Exortação em seu contexto, é necessário que a relacionemos com as outras exortações e encíclicas escritas por Francisco. Para entendermos o sínodo, é necessário que tracemos o caminho desde os trabalhos preparatórios, passando por sua celebração até a publicação do *Documento final* e da Exortação *Christus Vivit*. E, para que possamos refletir sobre a recepção das ideias do Papa Francisco, ou seja, sobre as práticas paroquiais e comunitárias, é importante o diálogo das ideias apresentadas pelo sínodo e pela exortação com aquilo que a Igreja no Brasil tem pensado para a pastoral juvenil. A maioria das diretrizes está no *Diretório Nacional da Juventude*.

Somaremos essas ideias a outras experiências e ideias que colhemos e pensamos ao longo dos anos e alguns trabalhos da pastoral e de estudos teológicos. Mas queremos assumir aqui a mesma perspectiva do Papa Francisco, ao escrever a exortação: a prática cristã deve ser vivencial, pois Jesus não é uma teoria, mas uma proposta de vida.

3. A quem este livro se destina?

Este livro foi escrito pensando nos próprios jovens, de forma que possam entender sua missão como sujeitos eclesiais e sua caminhada como cristãos. Na maioria das vezes, são eles que organizam os trabalhos de evangelização realizados com os outros jovens. Também sabemos que esses jovens contam com poucas estruturas a seu favor. Por isso, aqui queremos oferecer algumas pistas e reflexões.

Mas a obra também se destina àqueles que trabalham com a pastoral juvenil, sejam eles padres, seminaristas, religiosas ou membros dos conselhos comunitários e paroquiais. Assim como o Papa Francisco (cf. ChV 3), queremos aqui nos comunicar com os jovens, mas também com a Igreja, sobretudo com aqueles que estão envolvidos com a pastoral juvenil.

É importante deixarmos claro que o termo pastoral juvenil, que será utilizado aqui muitas vezes, se refere a qualquer iniciativa pastoral de trabalho com a juventude. Na pastoral juvenil, estão inseridos os grupos paroquiais, a pastoral da juventude, os grupos ligados à RCC, os grupos relacionados ao carisma de várias congregações religiosas, os grupos de pastoral escolar e tantos outros. Em nível das dioceses, a pastoral juvenil se organiza como setor juventude. Mas encontramos uma rica pluralidade de iniciativas de pastoral juvenil, seja em nível comunitário, paroquial ou mesmo em ambientes como colégios católicos e obras sociais.

Por muito tempo, os documentos da Igreja tinham linguagem inacessível, utilizando termos técnicos que não fazem parte do vocabulário das lideranças comunitárias. Por isso mesmo os livros que ajudam na leitura dos documentos eram necessários. *Christus Vivit* foge dessa lógica. Em vários momentos, o Papa Francisco se dirige diretamente aos jovens utilizando expressões como "você, jovem" ou "agora falo para os jovens".

Por isso mesmo, aqui, não queremos explicar a exortação do Papa, mas sim dar alguns elementos que desenvolvam a ideia, sobretudo no que diz respeito à sua recepção pela realidade eclesial brasileira. Entretanto, sugerimos que você leia

4. Jovens com raízes

também a exortação de Francisco. Além de ser um documento com textos sucintos, traz uma linguagem vivencial e acessível.

No capítulo 6 da *Christus Vivit*, o Papa Francisco faz analogia da juventude com uma árvore que não se pode limitar a ser frondosa, mas precisa ter raízes que sustentem sua vida.

> Às vezes, tenho visto árvores jovens e bonitas que elevam seus ramos ao céu, buscando sempre mais, e que parecem um canto de esperança. Mais adiante, depois de uma tempestade, encontrei-as caídas, sem vida. Porque tinham poucas raízes, soltaram seus ramos sem se enraizar bem na terra e, assim, sucumbiram diante dos embates da natureza. Por isso me dói ver que algumas pessoas propõem aos jovens a construção de um futuro sem raízes, como se o mundo começasse agora (ChV 179).

Há no processo de evangelização da juventude uma preocupação estética e com a profundidade. Quando nos preocupamos com a questão estética, olhamos apenas para as folhas da árvore, preocupados com a sua aparência. Nessa perspectiva, a evangelização da juventude tem seu êxito medido pelo que o jovem faz aparentemente. Muitas vezes nos contentamos com igrejas cheias. Não que queiramos que elas estejam vazias, mas é muito superficial medir a efetividade da ação pastoral pela quantidade de jovens.

A preocupação com a profundidade da evangelização juvenil nos leva a pensar que a qualidade é mais importante que a quantidade, que a profundidade da vivência cristã não é medida pela quantidade de vezes que alguém vai à missa. É preciso alimentar as raízes da vivência cristã. Consequentemente, elas poderão ter troncos fortes e uma copa frondosa. Por vezes, suas folhas cairão com a chegada de um inverno. Isso pode acontecer nos momentos de dificuldades da vida. Às vezes o jovem, por causa da morte de alguém próximo ou pela dificuldade de encontrar êxito na vida, pode até se afastar de Deus. Mas se as raízes estão lá, o que foi plantado não se perderá.

5. O jovem vocacionado

Christus Vivit aponta sempre para a pastoral juvenil como processo vocacional. A ideia de Francisco é a do trabalho com o jovem como possibilidade de um discernimento que leva à maturidade humana e cristã. Vocação é o chamado de Deus, e esse chamado deve ser entendido em sentido amplo (ChV 248). Primeiramente, Deus nos chama para uma vida que tenha sentido, que se construa na amizade, na fraternidade e na santidade.

A vocação também se realiza na atitude de "ser para os outros" (ChV 253). Esse é o caráter missionário de toda vocação. É comum entendermos que o missionário é unicamente aquele que vai para terras distantes: aquele que sai de sua terra e assume uma missão na África ou mesmo nos rincões do Brasil, onde faltam lideranças cristãs, aquele que entendeu a missão e a levou à sua plenitude.

Toda vocação é missionária, pois traz em si o apelo de ir ao encontro e pôr-se a serviço do próximo. Uma vocação que nasce com o intuito de um serviço a si mesmo é narcisista e vaidosa, deixando de ser coerente com o espírito cristão.

A pastoral juvenil torna-se um processo de discernimento vocacional quando possibilita ao jovem o encontro consigo mesmo, construindo alguém maduro, com projetos de realização que o levam ao encontro dos outros, sejam eles membros da comunidade ou pessoas com que vive na sociedade.

6. Eficiência e eficácia

A Igreja não é uma empresa, e não queremos aqui trazer elementos que deem a ideia da comunidade eclesial como um organismo empresarial. Mas certos diálogos podem ser interessantes para pensarmos a pastoral. No caso específico que aqui vamos abordar, o mundo empresarial oferece alguns elementos que nos podem auxiliar no discernimento que leve a melhores opções para a pastoral juvenil.

O mundo empresarial fala que uma empresa deve ter eficiência e eficácia em seu trabalho. Eficiência é o saber fazer. Assim, se uma empresa fabrica pneus, é necessário que ela saiba fazer pneus benfeitos, conhecendo materiais e processos de fabricação, treinando seus funcionários e buscando especializar-se para oferecer pneus de qualidade ao mercado.

A eficácia está relacionada aos resultados. Essa mesma empresa de pneus deve, para ser eficaz, conseguir fabricar pneus de qualidade para ter rentabilidade. Afinal, não basta ter bons pneus, é necessário sustentar a empresa, pagando salários e mantendo as estruturas.

Quando uma empresa tem eficiência, mas não tem eficácia e rentabilidade, sua existência pode estar comprometida. Que adianta ter bons pneus, se ninguém os utiliza? Ao mesmo tempo, se ela tem eficácia, mas não tem eficiência, não assegura mercado. As pessoas compram seu produto, mas não reconhecem a marca como sendo de qualidade.

Nos processos pastorais, corremos o risco de delegarmos o sucesso de nossos trabalhos ao Espírito Santo, sem, contudo, nos comprometermos com esses processos e com os resultados. Podemos até pensar a que resultados queremos chegar, mas, sem um horizonte sobre esses resultados, possivelmente cairemos no comodismo pastoral.

Ao mesmo tempo, é preciso alcançar eficiência pastoral. Isso significa saber fazer benfeito aquilo a que nos propomos. É necessário, mas do que nunca, qualificarmos o trabalho de nossas equipes de pastoral. Assim, não basta o catequista ter boa vontade. É preciso que ele seja qualificado didática e pedagogicamente, dando, dessa forma, aos seus catequizandos bons instrumentos. A liturgia deve ser eficiente, oferecendo um serviço de qualidade àqueles que participam das missas. É comum encontrarmos comunidades com equipamentos de sons precários ou com falta de músicos que auxiliem nas celebrações. E muitas vezes não por falta de dinheiro, mas porque isso não é uma prioridade pastoral.

No caso da pastoral juvenil, faz-se necessário qualificar o trabalho com os jovens, preparando-os para efetuá-lo com eficácia. E, para isso, a formação é essencial. O jovem precisa de espaços de formação e há muitas casas, instituições e equipes que ajudam nisso, inclusive dentro das próprias dioceses.

Mas também é preciso pensar na eficácia pastoral. Muitas comunidades observam passivamente os jovens deixarem a comunidade por não se identificarem com aquilo que é vivenciado. Meu pároco, por exemplo, de quando eu era adolescente, em uma cidade do interior de São Paulo, brincava que ele não tinha ovelhas, mas "ovélhas", referindo-se à comunidade envelhecida. A brincadeira é muitas vezes uma forma suportável de lidarmos com o drama das comunidades que não conseguem pensar em estratégias pastorais.

A comunidade paroquial, assim como as dioceses, é chamada a refletir estrategicamente sobre o modo como trabalha com a juventude. Muitas vezes, achamos que o que temos a oferecer – o próprio Jesus e seu projeto – é algo tão valioso que não há como o trabalho dar errado. Mas conseguimos o improvável: por não desenvolvermos estratégias pastorais que considerem o saber fazer (eficiência) e os resultados que queremos (eficácia), desqualificamos nosso produto.

Não cuidar do tesouro que temos para oferecer à juventude é como dar um diamante bruto, lindo, com potencial para ser uma joia de grande valor, a um ourives desqualificado. No final, o resultado não será o esperado, mesmo que o material seja bom. Ou, ainda, podemos comparar com o marceneiro que tem em mãos um belo pedaço de madeira, mas não consegue transformá-lo em um móvel por não ser qualificado para isso.

Temos um tesouro nas mãos! Queremos que os jovens tenham contato com ele. Como faremos isso? A resposta deve ser dada por cada comunidade e deve ser pensada conjuntamente. Apenas assim conseguiremos aproximar Jesus de nossos jovens.

Francisco entende que a pastoral juvenil deve assumir a sinodalidade como método. Isso significa que os jovens não devem ser destinatários da pastoral juvenil, mas sim fazerem parte do planejamento e da efetivação dos critérios e das estratégias assumidas pela comunidade (ChV 203). E se isso parece interessante, também gera mudanças na vida pastoral de uma comunidade. Toda sociedade passa por constantes mudanças culturais, e é necessário estar aberto ao diálogo também no sentido de assumir diferentes atitudes. As lideranças comunitárias precisam também trabalhar com os adultos, para que eles entendam a importância de assumir os jovens no processo pastoral.

7. "Não deixeis que vos roubem e alegria"

Essa foi uma das mensagens do Papa em sua viagem para Moçambique, em setembro de 2019. A alegria de ser cristão é uma das mensagens centrais do Papa Francisco desde o início de seu pontificado. Com a publicação da *Evangelii Gaudium*, ele comunica à Igreja o entendimento de que a alegria e a mensagem do Evangelho são inseparáveis.

Os jovens são a expressão viva e ativa da alegria do Evangelho. Deixar que lhes roubem a alegria significa abrir mão do espírito de Jesus, que é de ser presença alegre de Deus.

Essa alegria dos jovens não pode ser confundida com um "rir à toa". A alegria do Evangelho é traduzida como uma presença entusiasmada de Deus. O jovem é um entusiasmado pelo Evangelho. A palavra entusiasmo significa "Deus dentro de si". Alguém que é alegre e entusiasmado leva a presença de Deus por onde vai.

Christus Vivit é uma encíclica juvenil, muito mais que uma encíclica sobre os jovens. Francisco quer uma Igreja entusiasmada com a possibilidade de levar o Evangelho ao mundo, sobretudo sendo presença de Deus. Que essas páginas que aqui trazemos nos ajudem a entender esse espírito da exortação.

Neste livro organizaremos nossa reflexão em três partes. Em um primeiro momento, falaremos sobre o processo sinodal que tratou da juventude, com os textos e questionários preparatórios e com as principais linhas de trabalho que foram sinalizadas. Ainda no primeiro capítulo nos ocuparemos do espírito de sinodalidade, que tem sido resgatado pela Igreja que busca decidir, sempre com a participação das dioceses e seus bispos, os caminhos a serem traçados para a evangelização. No segundo capítulo, falaremos do texto da exortação pós-sinodal de Francisco. Não se trata de um resumo, pois buscamos trazer as principais linhas de pensamento. Também dialogaremos com outros textos escritos por Francisco, com documentos da CNBB e com as aspirações da pastoral juvenil brasileira. No terceiro capítulo, abordaremos o processo de recepção da exortação pela pastoral juvenil. Sem nenhuma "receita de bolo", procuraremos apontar algumas perspectivas pastorais no sentido de ajudar no processo de recepção.

No decorrer dos textos, procuraremos dar exemplos que auxiliarão você, leitor, no entendimento daquilo que está sendo tratado. Também no final de cada capítulo traremos alguns exemplos de estratégias pastorais. Elas não têm o objetivo de serem seguidas, mas sim de ilustrarem as ideias sinodais. O importante é entender que os caminhos devem ser pensados em conjunto com os jovens. Qualquer "receita" tem a limitação de não se adequar a diferentes circunstâncias.

Uma última informação é importante. No decorrer do texto, apresentaremos alguns autores e suas ideias. Optamos por não colocar citações bibliográficas por estarmos escrevendo um texto mais pastoral. No entanto, esses autores constam na bibliografia que está no final do livro. Porém, achamos importante trazer as referências dos escritos papais e, sobretudo, das ideias presentes na Exortação *Christus vivit*. As referências auxiliam no diálogo desse roteiro com o texto do Papa Francisco e também com o *Instrumentum Laboris* e o *Documento final* do sínodo.

O processo sinodal

Para melhor entendimento da exortação de Francisco, precisamos distingui-la do *Documento final*, produzido no sínodo. Enquanto tal documento diz respeito às temáticas e perspectivas eclesiais tratadas no sínodo, a exortação traz as instruções e entendimentos da Papa Francisco.

Christus Vivit foi concebida dentro do processo sinodal. Entender o que é um sínodo e mesmo como aconteceu o processo sinodal específico que discutiu a relação entre os jovens e o cristianismo é de suma importância para, depois, entendermos a exortação. A perspectiva da sinodalidade é, talvez, o elemento mais relevante no contexto da exortação. Isso porque ela aponta para uma Igreja da participação, onde cada membro é chamado a ser parte efetiva da comunidade cristã. A sinodalidade foi acolhida também por Francisco como método de pastoral juvenil. O jovem é Igreja e deve ser acolhido no ambiente eclesial, participando efetivamente da comunidade cristã.

1. O que é um sínodo?

O Concílio Vaticano II foi marcado pelo clima de colegialidade. Os bispos do mundo todo, que se reuniram para o Concílio convocado por João XXIII, buscaram construir o Concílio discutindo e refletindo, sempre de maneira conjunta, sobre os rumos que a Igreja tomaria.

O colegiado não foi um tema discutido no Concílio. Não se trata de encontrarmos nos textos conciliares alguma explicação sobre a colegialidade. Mais que isso, o colegiado foi a base e a metodologia para a construção conciliar. Desde a primeira sessão do Concílio, os temas e textos foram decididos pelo conjunto dos padres conciliares, como são chamados os bispos que participam de um Concílio.

Uma das decisões do Vaticano II foi a realização de sínodos periódicos. A cada tempo se escolhe um tema, que é trabalhado por um conjunto de bispos, com a participação de auditores e auditoras que podem ser padres, religiosas e religiosos, além de leigos e leigas. Há também a participação de peritos, que são teólogos que auxiliam nas abordagens. Além do Sínodo sobre a Juventude (2018), já foram realizados sínodos sobre a família (2015), além de vários outros que trataram da evangelização.

A perspectiva da colegialidade foi trazida para a América Latina em forma de sinodalidade, mesmo que não ganhasse tal nome. Os bispos latino-americanos se preocuparam com a recepção do Concílio Vaticano II na América Latina. Já no período em que o Vaticano II foi feito, pensou-se em uma conferência latino-americana que discutisse as ideias conciliares. Foi então que o Celam (Conselho Episcopal Latino-Americano) apontou para a realização da Conferência de Medellín, em 1968.

O Papa Francisco valoriza a colegialidade da Igreja. Mas ele foi além, entendendo que a colegialidade deve contar também com a representatividade. E se é bom que a Igreja se reúna para pensar seus caminhos, é melhor ainda quando entram nessa roda de conversa pessoas vindas de vários lugares do mundo onde a Igreja está presente.

Um exemplo da representatividade assumida por Francisco é sua escolha na criação de novos cardeais. Ele criou cardeais vindos de lugares novos, fora do eixo europeu ou dos Estados Unidos, regiões essas com maior número de cardeais, ou mesmo de países latino-americanos como México e Brasil. A ideia de Francisco é aumentar a representatividade e diminuir a concentração geográfica dos cardeais. Foram criados, desde a eleição de Francisco, cardeais, por exemplo, do Haiti, Tailândia, Nova Zelândia, Tonga, Madagáscar e de outros países sem tradição de cardeais. A participação das igrejas locais nas decisões e discussões institucionais passou a ser um critério importante para Francisco.

O sínodo, acontecimento que busca envolver os membros das comunidades nas decisões, é uma prática antiga no cristianismo e consiste em reunir representantes das comunidades locais para discutirem um determinado assunto, geralmente algum problema da comunidade. Nesse sentido, também as assembleias da CNBB têm perspectiva sinodal. Isso porque os bispos lá presentes representam suas dioceses, pensando, em conjunto, os caminhos para a Igreja no Brasil.

Com o passar do tempo, os sínodos foram perdendo espaço para os Concílios, mais genéricos e cada vez mais ligados a Roma. Poucas dioceses pelo mundo realizavam sínodos, e a prática passou a ser retomada com o Vaticano II. Além dos sínodos locais, a Igreja passou a fazer de tempos em tempos um sínodo dos bispos para refletir sobre os caminhos da Igreja.

O sínodo também pensa em caminhos para as comunidades, e o bispo representa não apenas a sua diocese, mas também sua região. É certo que a participação de leigos e mesmo de padres poderia ser mais ativa. Os peritos e auditores são ouvintes das sessões de trabalho e têm a função de oferecer informações e reflexões nos chamados "bastidores" dos sínodos. Seria muito bom que jovens fossem ainda mais ouvidos nas assembleias do Sínodo para a Juventude, que famílias fossem mais escutadas no Sínodo para as Famílias. Essas pessoas são ouvidas. Mas, geralmente, isso acontece no processo prévio ao sínodo. Os jovens foram escutados através do questionário preenchido pelas comunidades e que também estava disponível no site do Vaticano.

> **Características gerais de um sínodo**
> – Conta com a participação ativa dos bispos.
> – Também conta com a participação de auditores e auditoras que contribuem com o processo sinodal.
> – Busca escolher os participantes, tendo em vista a representatividade da Igreja, espalhada pelo mundo;
> – É presidido pelo Papa.
> – É convocado com a intenção de tratar de um assunto específico que geralmente se mostra como um desafio para a Igreja.

2. A sinodalidade

Um sínodo é presidido sempre pelo Papa. No caso do Sínodo para a Juventude, em 2018, quem presidiu foi Francisco. Mas a ideia não é que o sínodo seja uma reunião para que o Papa diga aos bispos aquilo que deve ser feito. Antes, os membros do sínodo buscam levar os elementos e a vivência de suas comunidades, para que esse sínodo reflita sobre suas questões de maneira ampla e atual.

Os sínodos modernos, ou seja, os sínodos pós-conciliares, não são deliberativos. Isso significa que o sínodo, por si só, não resulta em regras a serem cumpridas. Nesse sentido, os sínodos modernos seguem a referência do Vaticano II, que se propôs a não trabalhar com condenações (também conhecidas como anátemas), mas com proposições para a Igreja e para o mundo.

Os sínodos realizados no período posterior ao Vaticano II trazem consigo a perspectiva da representatividade da Igreja espalhada pelo mundo e objetivam pensar em caminhos e oferecer orientações.

Os participantes dos sínodos são escolhidos pelas conferências episcopais, e há alguns que são nomeados pelo Papa. Geralmente, o Papa convida para um sínodo alguns cardeais e bispos que ocupam funções estratégicas e que podem auxiliar no processo pós-sinodal. O Papa também convida alguns bispos que podem oferecer importantes informações e reflexões para o processo sinodal. No que se refere ao Sínodo para a Juventude, são bispos que têm experiência com o trabalho juvenil.

Também peritos são convocados para os sínodos. Eles são teólogos que auxiliam oferecendo embasamentos teológico e eclesial para aquilo que é discutido. Também são convocados auditores e auditoras. Podem ser padres, religiosos e leigos que geralmente têm algum envolvimento com o tema que está sendo debatido.

Igreja sinodal

A palavra sínodo significa "caminhar juntos". No ambiente eclesial, diz respeito à capacidade que a comunidade ou que a Igreja como um todo tem de pensar seus caminhos em conjunto.

Para o teólogo brasileiro Mario de França Miranda, a sinodalidade é mais que uma noção técnica e precisa. Antes, trata-se de um horizonte eclesiológico que nos leva a entender a importância da participação de todos os membros da Igreja que buscam caminhar juntos.

A sinodalidade sempre foi uma característica importante do cristianismo. E, diferente da colegialidade que acontece sempre em ambiente conciliar, ela diz respeito à participação colegiada das discussões e decisões da comunidade cristã, com a participação do bispo da diocese. Assim, uma diocese pode, por meio de seu bispo, convocar um sínodo para pensar temas e caminhos diante de desafios locais. Em nível maior, quando convocado pelo Papa, o sínodo conta com maior participação dos bispos, mas também com peritos, auditores e auditoras que podem ser padres, religiosos e leigos. Em nível diocesano, conta com a participação do clero local, além dos membros das paróquias e comunidades.

Contudo, mais importante que as questões técnicas de quem participa ou não do processo sinodal é o espírito de eclesialidade presente na Igreja. Um sínodo traz consigo a concepção de que todos somos corresponsáveis e que podemos contribuir para a caminhada da comunidade cristã. A ideia da sinodalidade, revigorada na recepção do Concílio Vaticano II, fez com que muitas comunidades e paróquias formassem conselhos comunitários e paroquiais para que o planejamento pastoral fosse pensado conjuntamente. O mesmo aconteceu em nível diocesano.

Christus Vivit aponta para a sinodalidade presente na pastoral juvenil, à medida que o jovem é visto como agente e protagonista da evangelização (ChV 203). Os jovens são as pessoas mais capazes de identificar quais os melhores caminhos para a aproximação da juventude. Na pastoral juvenil, trata-se de "colocar em campo a sagacidade, o engenho e o conhecimento que os próprios jovens têm da sensibilidade, linguagem e problemáticas dos outros jovens" (ChV 203).

Nesse processo de aproximação dos jovens, é preciso se desprender de algumas características que são próprias de uma pastoral dos adultos, como horários rígidos e estratégias bem definidas (ChV 204). A aproximação dos jovens se inicia, sobretudo, pela convivência.

3. O processo de preparação do sínodo

O Sínodo para a Juventude aconteceu em outubro de 2018, mas sua preparação começou bem antes. Em 6 de outubro de 2016, o Papa anunciou sua realização já com a temática: "Os jovens, a fé e o discernimento vocacional". Em 13 de janeiro de 2017, a Santa Sé publicou o *Documento preparatório*, junto com uma carta do Papa aos jovens. O documento preparatório continha um questionário que foi enviado às conferências episcopais. No caso do Brasil, à CNBB. Tal documento continha quinze questões, sendo que eram destinadas três questões a cada continente. O trabalho sinodal já apontava para uma discussão da juventude a partir da existência de uma pluralidade de juventudes.

O intercâmbio das experiências juvenis se intensificou no Seminário Internacional sobre a Condição Juvenil, que aconteceu no Vaticano, de 11 a 15 de setembro de 2017. O evento contou com a participação de vários jovens e representantes das várias regiões do mundo onde o catolicismo se faz presente. O seminário apontou, principalmente, para a necessidade de colocar o jovem como protagonista do processo sinodal. A ideia é que não fosse apenas um sínodo *para* os jovens, mas *com* os jovens.

A comissão para o sínodo organizou, então, um questionário. Foi pedido que cada diocese respondesse a algumas questões. Mas também cada grupo de pastoral juvenil ou mesmo cada jovem poderia entrar no site do Vaticano e ler o texto, e o que é mais importante e inovador: cada jovem poderia enviar sua resposta. A preparação do sínodo foi mais interativa e possibilitou a participação de jovens espalhados pelo mundo e de jovens das comunidades locais. A comissão preparatória do sínodo recebeu mais de cem mil respostas, enviadas por jovens e por grupos de pastoral juvenil espalhados por várias regiões.

Em 8 de maio de 2018, a Santa Sé publicou o documento de trabalho (que é chamado de *Instrumentum Laboris*) com o objetivo de orientar os trabalhos sinodais. A estrutura do documento de trabalho é baseada no método ver-julgar-agir, já adotado por Francisco em outros documentos, sendo organizado em três partes, que recebem nos títulos de cada uma delas as palavras *reconhecer*, *interpretar* e *escolher*.

A Santa Sé organizou um documento de trabalho que falava sobretudo do jovem como vocacionado e de sua atuação como sujeito eclesial e social. A ideia central do processo sinodal foi propor que o jovem se tornasse um protagonista da Igreja e da sociedade. Para que as estratégias pastorais sejam mais eficientes, o documento busca identificar características juvenis do mundo atual, bem como iniciativas de pastoral juvenil.

3.1. Reconhecer

Reconhecer o jovem atual é reconhecê-lo dentro da diversidade cultural. O jovem sempre vive sua juventude em uma determinada circunstância, e ser jovem em um determinado lugar ou situação social é diferente de sê-lo em outra.

a) *São muitas juventudes:* a juventude é plural (ChV 68). Não existe uma juventude para a qual a comunidade cristã possa pensar sua ação pastoral. Os jovens atuais não se agrupam em uma grande massa que faça com que eles sejam identificados como jovens. Eles se reúnem em grupos que apresentam uma afinidade ou uma característica comum.

É muito comum escutarmos que os jovens andam ouvindo K-POP, estilo de música *teen* coreana que atrai a atenção de adolescentes e jovens. Mas é ingenuidade pensarmos que todos os jovens escutam tal música, isso porque é igualmente comum encontrarmos algum jovem que nunca escutou falar desse estilo musical ou sequer sabe o nome de alguma banda de K-POP. Os jovens também escutam Luan Santana e sertanejo universitário, escutam MPB ou ainda rock. Cada grupo tem sua identidade. Até mesmo os jovens cristãos vivem no seu grupo e muitas vezes escutam música gospel, sem ter contato com nenhum dos outros grupos. Ou há ainda jovens que estão na comunidade eclesial, mas que não gostam da música de estilo gospel.

Uma parte da sociologia entende a juventude a partir das tribos urbanas. Nas cidades, sobretudo nos grandes centros urbanos, os pequenos grupos se reúnem para atividades. Seja para andar de skate nas praças, para concursos de rap ou para discutir sua sexualidade, os jovens sempre encontram uma atividade que atenda a seus interesses e os agregam em grupos. Tais grupos podem ser invisíveis aos olhos da grande população. Mas eles existem.

O maior desafio da pastoral juvenil, sobretudo daquela que está nos grandes centros urbanos, é o de atrair para si tais grupos, pois muitas vezes eles não se sentem contemplados na realidade paroquial. Desafio maior ainda é ir ao encontro dos jovens. Em geral, somos acostumados a trabalhar com os jovens que já estão na comunidade cristã. Eles entendem nossa linguagem e são mais receptivos aos nossos padrões. Mas iremos tratar disso mais à frente, quando falarmos das propostas para a pastoral juvenil a partir do sínodo.

b) *Os sinais dos tempos:* desde o Concílio Vaticano II, a Igreja diz que é necessário que se esteja atento aos sinais dos tempos. Essa perspectiva é assumida também pela Igreja latino-americana, sobretudo na Conferência de Medellín. Estar atento aos sinais dos tempos significa perceber o Deus que se manifesta na história, ao mesmo tempo que as situações de conflito são lugares privilegiados para a ação de Deus e de seus discípulos. Para que a Igreja perceba os sinais dos tempos, é necessário que ela deixe seu comodismo.

Quando tratamos da pastoral juvenil, estar atento aos sinais dos tempos pede da comunidade cristã uma atenção especial para que perceba onde estão os jovens. Nem sempre eles estão frequentando os templos. Esses jovens podem estar em situação de vulnerabilidade, sendo vítimas do tráfico de drogas ou do desemprego. São jovens gestantes ou mães que não contam com ajuda da família ou dos pais da criança na educação e no sustento dos filhos. São jovens da periferia, seja ela geográfica ou existencial, condenados pelos olhares e pelas atitudes julgadoras da sociedade.

Dificilmente eles estão nas missas dominicais ou na catequese. Quando a Igreja se torna atenta aos sinais dos tempos, ela percebe que é preciso que se abra para o encontro com esses jovens. Ou, mais ainda, é necessário ir ao encontro deles.

Para identificar os sinais dos tempos, a pastoral deve cultivar a empatia. A empatia nos leva a nos colocarmos no lugar do outro, sentindo-nos incomodados por suas angústias e necessidades. E mais que isso, aquele que vive empaticamente age em favor do outro. Postura parecida é a da compaixão. Nos Evangelhos, constantemente, Jesus sente compaixão. Ele se coloca no lugar das pessoas e da multidão e se sente motivado pelas causas e necessidades alheias. É assim quando vê a multidão com fome (cf. Mt 9,36), diante da mãe viúva (cf. Lc 7,13) ou mesmo quando conta a parábola do pai misericordioso (cf. Lc 15,20).

Não se trata de ter dó ou piedade, mas de estabelecer relações que possibilitem entender os problemas na perspectiva do outro. Mais que um auxílio, trata-se de enxergar a situação do local onde o outro está. A falta de empatia nos leva ao julgamento. Isso acontece porque olhamos o outro da nossa perspectiva. Os motivos que levam uma pessoa a agir ou a ser como é são bastante variáveis e diferentes dos nossos e da nossa maneira de pensar, e isso pode não ser justificável. A empatia não significa concordar com tudo, mas, a exemplo da postura de Jesus, entender as motivações alheias.

Somente com empatia conseguimos entender as jovens que passam por uma gravidez precoce e não planejada, ou o jovem que passa por problemas com drogas, ou ainda o que passa por dilemas existenciais e pensa no suicídio. Algumas situações que parecem descompromisso ou dramas, só podem ser entendidas com empatia.

c) *Jovens globalizados:* por definição, entendemos que jovens são aquelas pessoas com idade entre 16 e 29 anos, que representam um pouco menos de um quarto da humanidade (IL 6). Isso significa que, em média, um quarto de uma comunidade é constituída por jovens. Claro que se trata de uma média. Comunidades mais periféricas tendem a contar com maior presença de jovens. Comunidades mais centrais, que geralmente estão em regiões com maior concentração de população idosa, tendem a ter menos jovens.

Mas, independentemente do número de jovens da comunidade, podemos encontrar algumas características juvenis que lhes são próprias. Eles são pessoas imersas nos meios de comunicação, sobretudo nas redes sociais e na internet e, consequentemente, nos processos globais.

E o que é a globalização? A princípio, podemos entender a globalização como processos econômicos e culturais que envolvem o mundo em sua totalidade, possibilitando um intercâmbio entre povos, suas culturas e economias. As iniciativas econômicas locais são submetidas a lógicas globais. É comum fazer uma analogia da globalização com o fim das fronteiras dos países, enfatizando-se o intercâmbio que pode existir entre eles. Os processos globais se intensificaram com o uso da internet. Isso porque não é necessário que se vá a um lugar para participar ou saber o que lá acontece.

Contudo, é preciso ter uma crítica sobre os processos globais. O geógrafo brasileiro Milton Santos enfatiza que a globalização não preza pelo intercâmbio cultural nem econômico, mas pela universalização de uma determinada cultura, tendo em vista a hegemonia econômica. É comum usarmos marcas e produtos geralmente vindos dos EUA, escutarmos músicas de lá ou mesmo comermos *fast food* de multinacionais que têm sede fora do Brasil. Mas será que podemos encontrar fora do Brasil, com a mesma frequência, marcas e produtos brasileiros ou mesmo músicas de nossos cantores tocando nas *playlists* estadunidenses? Para cada cantor latino-americano que faz sucesso no eixo EUA-Europa, temos uma infinidade de músicas estrangeiras tocando em nossas rádios.

As fronteiras que deixam de existir para a aplicação do capital nem sempre permitem o intercâmbio cultural. Assim, é mais fácil aplicar o dinheiro em outro país que visitar esse mesmo país. Mas, com muita facilidade, o capital estrangeiro consegue colocar seus produtos pelo mundo inteiro. O que encontramos não é um intercâmbio cultural, mas uma universalização de determinada cultura. E você pode pensar: qual o problema disso? O problema é que a cultura local se perde e o seu valor também.

Os jovens atuais assumem cada vez mais um modo de ser que é pautado pelos processos globais. É comum que jovens brasileiros escutem, por exemplo, as músicas cantadas por Camila Cabello, cantora cubana que construiu sua carreira nos EUA e que ficou mundialmente conhecida por participar da banda pop Fifth Harmony. Também podemos identificar o interesse dos adolescentes e jovens brasileiros pelas bandas coreanas de K-POP. A banda BTS já veio várias vezes ao Brasil e, em 2019, vários jovens ficaram por cerca de três meses na fila de entrada para o show que aconteceu em São Paulo, com o objetivo de ocupar os lugares mais próximos do palco.

Mesmo quando falamos da cultura nacional, podemos ver que a supremacia do global se torna característica comum. Podemos tomar como exemplo as bandas e cantores sertanejos. Cantores como Luan Santana ocupam mais espaço nas rádios e *playlists* dos aplicativos que cantores sertanejos que tocam as conhecidas modas de viola. E aqui não estamos falando de gosto musical. Trata-se de uma valorização cultural e econômica daquilo que é oferecido pelas mídias.

Não queremos, aqui, sacralizar nem demonizar os processos globais. Mas há um problema que influencia diretamente os processos de evangelização: os jovens estão cada vez menos preocupados ou comprometidos com a realidade local. Isso ocorre também nas comunidades cristãs. As referências globais são assumidas como critério. O padre da comunidade local passa a ser comparado com os pregadores que estão na mídia, ou mesmo os grupos de canto daquela comunidade são comparados com os grandes grupos, muitas vezes profissionais, que tocam nos canais de TV.

A juventude é um período de escolhas. O jovem se depara com a escolha de uma carreira, dos estudos, do relacionamento e de tantas outras questões que o acompanharão para o restante de sua vida. E o pior da escolha é que, ao optar por algo, o jovem muitas vezes exclui todas as outras possibilidades. Esse é um peso muito grande.

Também é grande o peso de não poder escolher. Muitos jovens se veem impossibilitados de escolher uma carreira ou determinado estudo. Falta-lhes o acesso à educação, ou, então, a necessidade de ajudar no sustento da família impede que isso aconteça. Quando conseguem cursar uma faculdade, escolhem a partir do mercado de trabalho e não de seus sonhos ou habilidades.

Junto com a fase das escolhas, o jovem vive a fase de transformações. Escolhas que levam a mudanças fazem parte de todo o itinerário da vida humana. Mas na juventude tais escolhas e mudanças parecem ser mais evidentes e intensas. Na busca por situações que sejam favoráveis, o jovem muda, inclusive de cidade, estado ou país. No cenário global, podemos ver muitos jovens migrantes e imigrantes. Eles não estão apenas fugindo de conflitos, mas buscando condições para viver com dignidade e realizar-se como pessoa.

Ser diferente nunca é fácil. No que diz respeito à juventude, menos ainda. Os jovens são cheios de vigor e sonhos, mas, quando não são orientados, também são capazes de excluir e discriminar. Na busca pela identidade, o jovem pode se deparar com o dilema de ser diferente e possivelmente discriminado, ou aceitar os padrões de determinado grupo como forma de socialização. Essa busca pela identidade pode ser percebida não só quando ele procura aceitar e conhecer o próprio corpo e sua sexualidade, mas também pela relação de afeto que estabelece com aqueles que rodeiam sua vida cotidiana (cf. IL 52-53) e que tem com os meios digitais (cf. IL 57-58).

Nessa fase de escolhas, é importante que os jovens possam contar com a ajuda das famílias da comunidade civil e da comunidade cristã. O problema é que muitas vezes os jovens não encontram ambiente propício para o discernimento necessário. Pensaremos no papel da comunidade cristã mais à frente, quando abordamos as questões pensadas no sínodo.

3.2. Interpretar

A segunda parte do *Documento de trabalho* trata do discernimento diante da vida e das relações. O jovem é incentivado a assumir sua vocação, a exemplo do jovem Jesus que também assumiu um projeto de vida. Os dois temas que mais aparecem no *Documento de trabalho* são fé e vocação, e isso porque a fé é consequência de um intenso encontro com Deus que se desenvolve em um compromisso de vida na relação com os outros.

A experiência com Jesus e a convivência com a comunidade cristã se tornam critérios para que o jovem possa entender sua própria vida, as relações com a comunidade eclesial e a vida em sociedade. A vocação do jovem não é entendida, por nenhum dos textos e documentos produzidos pelo sínodo, como uma fuga do mundo, mas sim como missão assumida na relação com a sociedade. O jovem é chamado a buscar sua realização nas relações que vive. Família, estudos, trabalho e lazer passam a ser espaços onde a presença cristã deve acontecer.

a) *O jovem Jesus:* Jesus era jovem. Assumindo os pressupostos da leitura bíblica, podemos dizer que Jesus tinha atitudes de um judeu adulto na fé. Ele assumiu uma missão, fez discípulos e peregrinava anunciando a boa-nova do Evangelho. Francisco atribui duas características à juventude: ela é estimulante e original. Além disso, assume Jesus como referência para a vida do jovem de hoje (ChV 22).

O jovem Jesus assumiu sua missão dando sentido para sua vida (ChV 28). Quando encontrado por seus pais, pregando aos doutores da lei, mostrava zelo pelos ensinamentos: "Não sabíeis que eu devo ocupar-me das coisas de meu Pai?" (Lc 2,49b).

Outra característica da ação de Jesus é que ela acontece em meio à sua relação com seus discípulos e amigos. Dificilmente nos Evangelhos encontramos relatos em que Jesus está sozinho. Sua vida é uma constante relação, seja com os discípulos que aprendem com ele, seja com cada um de seus amigos: Marta, Maria e Lázaro, onde ele encontrava sempre um ambiente amigável e acolhedor.

Também os jovens encontram nas amizades e na convivência comunitária um ambiente acolhedor para assumirem a missão que lhes é confiada. É no ambiente comunitário que eles constroem a consciência de seu lugar na comunidade cristã (ChV 30).

Esse amadurecimento acontece:

– na relação com Deus;

– na relação com os irmãos;

– na missão.

A comunidade e a relação com os outros são fatores importantes para que o jovem possa se construir como um sujeito maduro. Há o entendimento da comunidade como local privilegiado da vivência cristã. Mais que as estruturas institucionais, a comunidade é entendida a partir das relações afetivas e familiares e dos vínculos que se estabelecem.

b) *Vocação como chamado a viver a fé*: muitos jovens têm dificuldades de entender a fé apresentada pela Igreja. São contrários às ideias de dogmas e não compreendem aquilo que lhes é transmitido. É comum que vejam o cristianismo apenas como um conjunto de regras rígidas e sem sentido. Podemos identificar um problema no processo de diálogo entre o jovem e a Igreja. O jovem quer participar do processo, enquanto muitas vezes a comunidade dá a ele todas as informações já prontas. O processo de vivência da fé deixa de ser uma experiência para se tornar algo teórico, onde se adquirem informações mais que vivências e experiências.

Outra questão é que muitas vezes entendemos a fé como um sentimento ligado à presença de Jesus. Mas a fé não se resume ao encontro com Jesus. Mais que isso, ela é o compromisso de vida que se assume depois desse encontro. A fé é compromisso assumido pelo cristão, sempre de maneira individual, mas que se alimenta no ambiente comunitário. É também dom oferecido por Deus (cf. IL 82). E é dom porque o ser humano, por conta própria, não consegue ser fiel ao compromisso assumido. Deus sustenta a vivência cristã.

A fé deve ser entendida como um compromisso assumido pela pessoa. Ela supera o sentimento ou a sensação de um encontro com Deus. A fé é aquilo que vem depois desse encontro. Abraão, considerado o pai da fé, se encontrou com Deus, que lhe prometeu uma grande descendência (cf. Gn 13). Mas a fé de Abraão não se resume a esse encontro, mas consiste em sair de sua terra e caminhar sem ao menos saber se iria chegar em Canaã. O cego Bartimeu também é um exemplo de vivência de fé (cf. Mc 10,46-52). A conversa com Jesus o motivou a jogar o manto e ir ao encontro do Mestre. O manto, para o cego, era importante. Durante o dia ele servia de depósito para esmolas e de noite era usado para se proteger do frio. Jogar o manto é um ato de compromisso com a pessoa de Jesus, é a atitude daquele que supera a vida de exclusão e se agarra na possibilidade de um novo caminho.

A fé cristã assumida pelo Batismo é entendida como compromisso de uma vida coerente com a pessoa de Jesus, a qual é vivida no seio da comunidade. A fé é vivida em contextos concretos. É compromisso assumido na vida cotidiana. Caso contrário, ela se torna adesão a uma teoria teológica e não vivência do Evangelho.

Assumimos a vivência da fé no dia do nosso Batismo. Se fomos batizados quando ainda crianças, nossos pais e padrinhos se comprometeram em nos educar na fé cristã. Se fomos batizados já adultos, nós mesmos assumimos publicamente esse compromisso. O sacramento da Crisma, também chamado de confirmação, é o sacramento da maturidade cristã, onde o jovem/adulto assume diante da comunidade o seu compromisso cristão.

A fé que professamos comunitariamente é recebida no Batismo. Quando somos batizados, o ministro que preside a celebração pergunta: "Que pedes à Igreja de Deus?", e aquele que vai ser batizado responde: "A fé". O compromisso assumido individualmente é vivido comunitariamente. Sem a comunidade, somos menos capazes de viver nosso compromisso cristão. A fé tem, então, um movimento interior e um movimento exterior. A pessoa passa por um desenvolvimento interno e faz a adesão pessoal. Ninguém pode aderir a Jesus e à comunidade eclesial no lugar do outro. Não existe Batismo por procuração. Mas essa fé é vivenciada e fortalecida conforme vivemos com os irmãos.

Em toda celebração dominical, a comunidade eclesial faz a sua profissão de fé. Muitos acreditam ser o "Creio" uma oração. É comum escutarmos alguém dizer: "Vou rezar o Creio". Mas o Creio (ou o Credo) não se reza. Antes, se professa. A profissão de fé é um compromisso assumido publicamente. Ao professarmos a fé, dizemos diante da comunidade eclesial que queremos assumir aquele compromisso trinitário e comunitário. Ao fazermos isso, nas celebrações dominicais, dizemos "Creio na Igreja". A Igreja é o ambiente da fé. A fé que professamos é vivida no ambiente comunitário. Em termos filosóficos, podemos dizer que a Igreja não é objeto da fé, mas o local onde ela acontece. Um exemplo é o modo como o amor familiar é vivido na família. A relação entre os membros da família é um ambiente privilegiado para alimentar o amor familiar. Do mesmo modo, o ambiente comunitário e eclesial é local privilegiado para alimentarmos a fé em Jesus. Cremos em Deus, reunidos e participando como Igreja.

A comunidade cristã é chamada a ser um ambiente privilegiado onde o jovem assume seu compromisso de fé, também chamada de vocação. Para que isso aconteça, fazem-se necessários espaços de interação com o jovem, para que ele formule seu projeto de vida, sua vocação.

c) *Vocação como santidade*: em todo mês de agosto, as comunidades celebram as vocações e rezam por elas. É um mês onde se enfatiza, sobretudo, a vocação sacerdotal, religiosa, familiar e, também, a vocação do catequista. É comum que se entenda – equivocadamente – que se assumir como vocacionado seja entrar no seminário ou no convento. É claro que o jovem que vai para o seminário ou os postulantes à vida consagrada que ingressam nos conventos estão no processo vocacional. Mas também os jovens que não ingressam nos seminários e conventos são vocacionados.

A vocação, palavra que vem do latim *vocare*, que significa chamado, é utilizada para se referir ao chamado de Deus a cada pessoa. E para que Deus chama? Chama para uma vida que valha ser vivida, chama para uma vida de doação, chama para uma vida que tenha sentido. E o sentido quem constrói somos nós.

Toda vocação acontece em uma circunstância concreta. E é no contexto em que vive que o jovem realiza sua vocação. Descobrimos a vocação quando percebemos o sentido de viver, muito mais do que quando descobrimos aquilo que devemos fazer. Assim, um jovem descobre sua vocação não quando se torna missionário na África, mas quando percebe que pode construir uma vida de doação. Do mesmo jeito, uma religiosa contemplativa não realiza sua vocação quando entra em um mosteiro contemplativo. Antes, ela descobre sua vocação quando percebe que pode doar-se, em sua oração, àqueles que mais precisam. Ir para a África ou para o mosteiro são consequências de um processo de amadurecimento da vocação.

O Papa Francisco entende que a vocação se concretiza em duas características muito cristãs: a santidade e a alegria. A santidade é consequência do encontro com Jesus (cf. ChV 49). O envolvimento com a pessoa de Jesus leva o jovem a assumir suas atitudes e gestos. E a alegria é entendida pelo Papa como característica da vivência cristã (EG 1).

A temática da santidade foi abordada por Francisco na sua Exortação *Gaudete et Exsultate*. Nela Francisco traz uma reflexão sobre a santidade atitudinal que se concretiza sobretudo nos gestos e atitudes assumidos no cotidiano (GeE 16).

A alegria, por sua vez, é tema da Exortação *Evangelii Gaudium*, publicada em 2013, e é considerada como um "plano de governo" do Papa Francisco, pois traz as principais ideias que ele assume para o seu Papado, como a perspectiva de uma Igreja "em saída" (EG 20-23) e da relação da Igreja com a sociedade (EG 177-237).

d) *Amor é movimento em direção ao outro*. O amor a si mesmo é importante. Mas um amor exclusivamente fechado em si é narcisismo. Quando nos amamos, descobrimo-nos como dom de Deus e queremos que também aqueles que convivem conosco descubram esse amor.

A Trindade é exemplo da vocação ao amor. O Pai e o Filho se amam. Trata-se de um amor pleno e intenso. O Espírito é o movimento que emana desse amor, possibilitando que vivam plenamente essa relação, mas que ao mesmo tempo não se limitem. O Espírito é o amor de Deus que se manifesta e se concretiza na criação e na relação com a criação. O Pai cria para poder amar, o Filho salva por amor, o Espírito se comunica como amor. A Trindade é relação de amor.

Se Deus é relação e amor, também o cristão é chamado a vivenciar esse amor. Quando nos colocamos na direção do outro, impulsionados pelo amor, nos realizamos como vocacionados. E é importante entendermos que o amor leva a ligações concretas. Jesus curou, ensinou, se relacionou com pessoas concretas. Francisco de Assis, impelido pelo amor, foi viver como pobre, junto com os pobres. Dom Bosco, por amor, foi trabalhar com crianças e jovens. Santa Dulce, por amor, foi cuidar de doentes e crianças que eram desassistidos.

A vocação é sempre um movimento amoroso em relação ao outro, sem juízos, sem preconceitos, sem busca de recompensas. Pode parecer muito romântico, mas é coerente. Quando esperamos algo em troca daquilo que fazemos, corremos o risco de colocar nossa vaidade ou nossos interesses acima da relação de amor. Assim foi Jesus. Ele não perguntou aos doentes que curou, se eles se tornariam discípulos. Alguns se tornaram, outros não. Mas Jesus fez o melhor que poderia àquelas pessoas e tornou a vida delas mais digna e feliz.

3.3. Escolher

A juventude é o período das escolhas. Contudo, não se trata de escolher como alguém que está diante das prateleiras do supermercado ou diante das gôndolas de promoções de uma loja de roupas. As escolhas devem ser consequência de um processo de amadurecimento cristão de um jovem que reconheceu as características do ser jovem e interpretou as situações vividas.

O *Documento de trabalho* do sínodo tem muito da pedagogia inaciana. Por sinal, vemos muito das inspirações de Santo Inácio de Loyola nos escritos, nas atitudes e no Papado de Francisco. Inácio tinha o princípio de que não basta conhecer a Deus no intelecto. É preciso experimentá-lo. Essa é a tônica da pedagogia e da espiritualidade inaciana. Escolher, então, não é mero capricho do desejo, mas fruto da vontade.

A filosofia diz que o ser humano é um ser de desejos e vontades. Os desejos são guiados pelos instintos. Temos o desejo de tomar um café, um sorvete ou comprar uma roupa. Se nos entregarmos totalmente aos desejos, assemelhamo-nos aos animais, que buscam satisfazer-se a todo custo. A vontade é fruto de um processo de discernimento. Quando nos entregamos à vontade, é porque pensamos naquilo que queremos, ponderamos os benefícios, malefícios ou mesmo as consequências.

Escolher é, então, um ato de liberdade do ser guiado por sua vontade e discernimento (IL 114). Escolhemos o que queremos fazer da nossa vida, mesmo que não possamos atingir nossos objetivos de maneira plena. A juventude é um período de escolhas. A pastoral juvenil pode auxiliar o jovem nesse processo, confrontando a realidade existencial e as circunstâncias vividas por ele, iluminando-as à luz dos ensinamentos de Jesus (cf. IL 118-119).

Há uma questão importante: o processo de discernimento é incompatível com a pastoral de massa. Os grandes eventos destinados à juventude podem ser atrativos, mas não são capazes de oferecer elementos de interação entre o jovem e a comunidade cristã, e seria muita ingenuidade acreditar que esse jovem, apenas escutando aquilo que as lideranças pregam nos grandes eventos, será capaz de um discernimento de sua realidade juvenil.

Voltaremos nesse ponto adiante, quando abordarmos a Exortação *Christus Vivit*. Mas o processo sinodal aponta, desde o princípio, para o reconhecimento da diversidade juvenil como um valor. O jovem o é em seu contexto, e isso deve ser valorizado. E como cada contexto é distinto, a pastoral juvenil deve respeitar as diferenças e a pluralidade de modos de ser juvenil. Essa perspectiva esteve presente no conteúdo, mas também nas questões que deram origem ao texto de trabalho e que foram respondidas pelos jovens e pelas comunidades locais.

Sintetizando e apontando horizontes

– O 1,8 bilhão de jovens existentes no mundo nos leva a entender que um quarto da humanidade é formada de jovens. Eles representam parte significativa da sociedade, e é importante que a comunidade se coloque ao lado deles e os insira na caminhada comunitária.

– Cada comunidade cristã é chamada a construir lideranças locais que sirvam de inspiração. O importante não é que a comunidade siga padrões midiáticos da vivência religiosa, mas que construa sua própria caminhada, tendo como base a vivência das Escrituras e a comunhão eclesial.

– A juventude é um momento de escolhas. A comunidade pode ser um ambiente privilegiado de discernimento. Mas, para isso, é necessário uma postura de diálogo com os jovens e demonstrar empatia por eles. Não basta querer que os jovens se adéquem à comunidade. É preciso abrir-se a um diálogo sincero.

4. Uma Igreja com os jovens e não para os jovens

Retomando a cena dos discípulos de Emaús (cf. Lc 24,13-35), o *Documento final* do sínodo (4-5) traz a ideia de que Jesus caminha com os discípulos como inspiração a uma Igreja que busque caminhar com a juventude. Assim, entende-se que somente a convivência com os jovens pode criar empatia e a consonância entre a mensagem do Evangelho e os jovens (DF 10).

Assim como aconteceu no Concílio Vaticano II, quando se abriu à participação de peritos leigos, nos trabalhos sinodais de 2018 a Igreja se abriu à participação de peritos jovens.

O sínodo foi também aberto à participação de jovens que buscaram levar para a reunião sinodal suas experiências locais. De forma geral, isso aconteceu pelos questionários e pela presença de auditores jovens.

A participação dos jovens foi intensificada na consulta às comunidades cristãs, instrumento que há muito é utilizado pela Igreja, mas que no sínodo foi reformulado. Nos trabalhos antepreparatórios do Concílio Vaticano II, por exemplo, o Papa João XXIII pediu que todos os bispos fossem consultados. É importante ressaltarmos que, quando um bispo é consultado, sua diocese está sendo consultada. Contudo, não havia, na época do Concílio, a consciência eclesial que foi construída justamente no processo conciliar, e muitos bispos deram respostas protocolares, desejando bom êxito ao Concílio que estava prestes a começar.

O sínodo de 2018 não somente continuou com a estratégia de consultas, como abriu a possibilidade de que qualquer jovem participasse das consultas. Para tanto, bastava entrar no site do Vaticano e preencher o formulário. Também os vários grupos de pastoral juvenil se reuniram para mandar suas respostas, para que servissem de base ao desenvolvimento sinodal.

O *Documento final* traz como base o método ver-julgar-agir. Perpassando por temas como os meios digitais (DF 21-23), a imigração (DF 25-28) e a marginalização social e vulnerabilidade (DF 29-31; 40-44), também pela complexa realidade familiar (DF 32-36), corpo e afetividade (DF 37-39), o tema busca construir o caleidoscópio do cenário no qual está envolvido a juventude atual. O julgar fica a cargo de entender a cultura juvenil a partir de seus aspectos culturais (DF 45-47), mas também sua espiritualidade e religiosidade (DF 48-51).

4.1. Reconhecer o jovem atual

Com que jovem estamos falando? Com que jovem queremos falar? Essas perguntas são muito importantes, pois podemos, como um rádio que está em uma determinada sintonia, buscar a comunicação com jovens que muitas vezes estão sintonizados em outra frequência. Ou o que é pior ainda, fazemo-nos presentes em uma sintonia de rádio enquanto os jovens já estão utilizando aplicativos de música e acompanham *podcasts* que pouco são utilizados como estratégias pastorais, ou seja, podemos estar equivocados nas estratégias pastorais que assumimos.

A pastoral juvenil diz mais sobre o modo como nos aproximamos dos jovens que sobre a qualidade da mensagem que temos a entregar a eles. Fazendo alusão à Igreja na Alemanha, o monge beneditino Anselm Grün diz que as missas dominicais contam com pouca participação da juventude (2014, p. 13). Aqui no Brasil, em algumas realidades, não é diferente. Onde estão esses jovens? Por que não se sentem atraídos pelo ambiente eclesial?

Os jovens são ligados a distintos grupos. Não falamos mais de juventude, mas de juventudes. E, por isso, uma mensagem que serve a um determinado grupo de jovens pode não servir para outro. Precisamos saber com quem estamos nos comunicando.

4.2. Meio digital

A internet faz parte da nossa vida. Deixamos de apenas utilizá-la para vivermos *on-line*. No nosso cotidiano, dificilmente estamos *off-line*, ou seja, a todo momento estamos conectados, seja nos aplicativos de *smartphone*, seja na TV que assistimos por meio de serviços de *streaming* ou mesmo pela constante necessidade de acompanhar as redes sociais. A vida dos jovens não é diferente. Mais ainda, considerando as novas gerações, que já nasceram em uma sociedade marcada pelo uso da internet.

As gerações

Os estudiosos das gerações e suas características têm um certo consenso no entendimento da relação que cada uma das gerações tem com os meios digitais. As mudanças se intensificam e criam, cada vez mais cedo, novas gerações.

A primeira geração é a da chamada *baby boomers*, que são os nascidos no período posterior à Segunda Guerra Mundial, e que eram os jovens das décadas de 1950 a 1970. Eles foram os primeiros a terem contato com computadores. Mas demoraram a ter acesso à internet. Muitos utilizavam o computador como uma máquina de escrever e tinham em mãos um equipamento que auxiliava no armazenamento de arquivos.

Depois veio a geração X, preocupada em construir uma carreira sólida e uma vida financeira estável. Essa geração tinha a casa própria como um grande sonho a ser conquistado e acreditavam que, de alguma forma, um imóvel lhe traria alguma estabilidade financeira. A geração X viveu a sua juventude entre os anos 1970 e 1980, e foi a que teve o primeiro contato com a internet. Mas ela, de certa forma, servia como um enorme banco de dados que estava disponível para pesquisa. Não havia interação. Além disso, a internet era acessível a poucos, e muitos dessa geração X tiveram seu primeiro acesso à internet apenas nos anos 1990.

A geração Y compreende aqueles que nasceram entre o final dos anos 1970 e o início dos anos 1990. É uma geração que passou por grandes avanços tecnológicos e que teve os primeiros contatos com videogames, TV a cabo, computadores, mas ainda de maneira muito rudimentar. A internet "discada", que funcionava pela linha telefônica, era acessível a uma pequena parte da sociedade. Mas a geração Y cresceu em meio a equipamentos eletrônicos como TVs e videocassetes. Assim, ela se acostumou rapidamente com a utilização de dispositivos móveis e *smartphones*. Os jovens da geração Y também são chamados de *millenials*. É a geração também marcada pela busca do politicamente correto. Trata-se da geração do resgate à economia sustentável, à consciência ecológica ou mesmo da valorização das minorias, mesmo que tal consciência não se desenvolvesse em uma militância ou organização política e social.

Depois vem a geração Z, que compreende os atuais jovens. Eles nasceram entre as décadas de 1990 e 2000 e, desde a infância, foram acostumados a utilizar a internet. São também conhecidos como nativos digitais. Essa geração não se concebe fora do universo da internet. É a geração que faz pesquisas no Google, sendo identificada também como geração *zapping*, ou seja, a geração que vive pulando de notícia em notícia, de postagem em postagem, mas que não se aprofunda em uma leitura ou assunto.

> É também a geração do acesso à *dark* web e à *deep* web, a geração das pesquisas digitais e das informações sempre à mão e que está sempre conectada.

A utilização da internet como instrumento de coleta de dados para a elaboração do sínodo mostra que a Igreja se abre a novos tempos e se aproxima dos jovens atuais, mais cibernéticos e conectados. Os instrumentos impressos dificultam os processos eclesiais mesmo dos adultos, mas pouco dialogam com os jovens que estão constantemente conectados.

Também o sínodo se desenvolveu em meio à sociedade digital. As conclusões do processo sinodal foram publicadas no site do Vaticano, logo após a reunião sinodal, com a autorização do Papa. Por mais que eventualmente eles estejam disponíveis também em versão impressa, o fato de o texto estar *on-line* auxiliou como um facilitador do acesso dos jovens ao texto final.

4.3. Uma identidade juvenil

Ao tratar do jovem como sujeito, seja no âmbito eclesial ou social, a Igreja repensa o conceito de identidade juvenil, saindo de um entendimento estático e essencialista de identidade para entendê-la como característica que vincula o jovem à realidade em que vive e que, por isso mesmo, é construída processualmente.

Há uma canção latino-americana que diz que o caminho se faz caminhando. Essa é uma verdade assumida pelo jovem. Ele quer traçar seu próprio caminho. O jovem não se contenta em copiar o caminho seguido por outros. No mínimo, quer caminhar junto. Mas, ao mesmo tempo, ele não traz consigo a maturidade que o tornaria capaz de trilhar seus próprios caminhos. Há uma fragilidade natural da juventude que pede exemplos e parâmetros.

Também Jesus ensinou que era necessário que cada um traçasse seu próprio caminho. E isso não quer dizer que o jovem deva ser um déspota ou um rebelde, mas sim que deve buscar autonomia e maturidade. Foi assim com o jovem que, não aceitando a resposta de Jesus, seguiu seu próprio caminho (Mt 19,16-22), ou do filho que, pedindo sua herança, foi embora (Lc 15,11.32). Aqui caberia a reflexão de Tomás de Aquino, que diz ser um mal o bem feito de maneira obrigatória.

O jovem busca construir sua identidade dando sentido à sua existência. Sua identidade é construída à medida que ele dialoga com a realidade em que vive, influenciando o contexto histórico, ao mesmo tempo que é influenciado por ele, tornando-se capaz de dizer "Eu sou!". Por isso, o jovem sempre dá valor àquilo que pode ser vivenciado, praticado, e não unicamente a teorias.

4.4. Espiritualidade juvenil

Uma das características da evangelização da juventude é possibilitar que o jovem construa uma espiritualidade juvenil. E aqui cabe voltarmos ao entendimento do que é espiritualidade. É comum que, na pastoral católica, falemos de "momentos de espiritualidade". Geralmente, quando há encontros ou reuniões, é reservado um momento que, muitas vezes, traz uma oração ou reflexão, e é muito comum que chamemos essa oração de momento de espiritualidade.

É bom que existam momentos de oração. Mas é um equívoco acharmos que eles sejam a espiritualidade cristã. Oração e espiritualidade são elementos muito próximos, nunca opostos, mas distintos. Oração é o nosso diálogo com Deus. Muitas vezes, quando rezamos, falamos com ele e buscamos respostas e orientações que podem vir pelas Escrituras ou pela sensibilidade que criamos ao ler os sinais de Deus no nosso cotidiano.

Contudo, podemos ser pessoas de muita oração, e mesmo assim não termos espiritualidade.

A espiritualidade é, por sua vez, a abertura ao mistério, que está relacionada mais à experiência humana. Podemos muitas vezes falar com Deus, mas não nos abrirmos à vivência do mistério. Ou o que é mais grave: podemos falar de Deus, sem o vivenciarmos e experimentarmos.

Cultivar a espiritualidade é buscar adentrar na experiência do mistério e aqui cabe uma anedota que é popularmente dedicada a Agostinho de Hipona. Dizem que o filósofo sonhou que estava em uma praia e lá havia um menino, ou um anjo, que colhia a água do mar com uma concha e a colocava em um pequeno buraco na areia. Agostinho, então, se dirigiu ao menino e disse que ele não conseguiria colocar toda a água do mar naquele pequeno buraco. O menino, por sua vez, se virou para Agostinho e disse que também ele não conseguiria entender todo o mistério de Deus, que era muito maior que sua capacidade intelectual. Agostinho apontou para o mistério não como algo que não pode ser explicado, mas como algo que deve ser vivenciado. Mesmo escrevendo grandes tratados filosóficos, ele percebeu que tudo aquilo deveria apontar para a vivência e experiência do mistério.

A religião é uma organização, uma instituição que, inspirada na experiência do mistério, se organiza para levar essa mesma experiência a outras pessoas. Nesse processo, a religião organiza uma doutrina, que são os conhecimentos e ensinamentos básicos sobre essa sua experiência de fé. A doutrina e a religião são organizações que têm como objetivo favorecer a espiritualidade de seus membros.

Há uma obra escrita em conjunto por Leonardo Boff e Frei Betto que sintetiza bem a ideia de espiritualidade e sua relação com a mística. A mística é a experiência do mistério. E a espiritualidade é a transformação que a mística produz nas pessoas, no modo como olham a vida, nas relações, no modo como passam a entender os problemas do cotidiano, na relação com os outros ou mesmo com a sociedade.

Se a espiritualidade está relacionada à vivência cotidiana, a pastoral juvenil é chamada a pensar estratégias de uma espiritualidade juvenil que dialogue com as situações concretas, seja da vida do jovem, de suas relações afetivas e familiares ou de suas relações sociais.

O sínodo aponta para uma espiritualidade juvenil sobretudo quando fala da relação dos jovens com os meios digitais. Ao fazer uso dos meios digitais e ao entender a vocação do jovem – bem como a de todo cristão –, o sínodo se abre ao entendimento da espiritualidade juvenil como instrumento de diálogo entre o anseio existencial, as conjunturas culturais e sociais e a motivação cristã.

A espiritualidade aponta, portanto, para um caminho de aspiração e realização vocacional do jovem, que, na busca de sentido para sua vida, assume sua missão como cristão, como cidadão... enfim, como pessoa.

4.5. Busca da liberdade

Na busca de se construírem como pessoa, os jovens vivem o desejo da liberdade. Mas, junto com o anseio, vem o peso da construção de uma liberdade real. Sabemos que ninguém é totalmente livre.

Essa liberdade filosófica e conceitual, que assume a ideia de que somos livres para sermos e pensarmos como quisermos, e que ninguém controla nem a nós e nem os nossos pensamentos, é mais uma referência para que se entenda o que a liberdade vem a ser. A liberdade vivenciada, real, é sempre circunstanciada. Ninguém é totalmente livre ou deixa totalmente de ser livre. Somos livres sempre em relação a algo ou alguém, e, ao mesmo tempo, não somos livres sempre em relação a algo ou a alguém. Em tese, somos livres para tudo! Mas, na prática, somos seres de maturidade que ponderam aquilo que convém ou não fazer.

O jovem pode sentir-se livre para ser do modo que quiser. Há nessa fase da vida uma autenticidade peculiar, e isso deve ser respeitado, como um valor que é próprio da juventude. Mas, conforme vivencia sua autenticidade e liberdade, ele conhece também o peso de possíveis exclusões, de preconceitos e dos padrões que muitas vezes são impostos pela sociedade. Se um jovem escolhe determinada área de atuação ou estilo de vida, pode enfrentar o julgamento de familiares, por exemplo.

No ambiente escolar, a busca de autenticidade e a vivência da liberdade podem levar a interpretações muitas vezes cruéis por parte de colegas. Isso porque não utilizar determinada roupa ou ser de determinado grupo pode ser visto como um problema. A adolescência é uma fase que necessita de muita caridade e acompanhamento por parte dos adultos, para que os jovens percebam a beleza da diversidade e não entendam os limites como fatores determinantes.

A fé e a participação na comunidade eclesial podem ser elementos de amadurecimento dos jovens na vivência da liberdade. Se consideramos que a liberdade é uma busca sempre vivencial e circunstancial, então a comunidade cristã e a fé em Jesus podem ser ótimos critérios, juntamente com a vivência familiar e a construção de uma espiritualidade madura, que auxilie o jovem no diálogo com as situações vividas em seu cotidiano.

5. Para que precisamos da Igreja?

Em uma sociedade onde cada vez mais as experiências religiosas são individualizadas, também o jovem pode entender que não precisa da Igreja para chegar até Deus. De certa forma, essa informação está correta, mas, ao mesmo tempo, está errada. Deus nos ouve e se relaciona conosco, estejamos na Igreja ou não. Mas a Igreja é um lugar privilegiado onde a ação de Deus está presente. Ou pelo menos deveria ser.

A Igreja, comunidade dos fiéis, tem o objetivo de reunir os cristãos para que eles se apoiem mutuamente na vivência da fé. Seja na Igreja, seja em qualquer circunstância da vida, caminhar junto com alguém se torna mais fácil do que fazer isso sozinho. A companhia de alguém, principalmente de um amigo, nos faz ter mais ânimo e força para a caminhada.

Pertencer à comunidade cristã deveria significar, na prática, ser acompanhado e sustentado pela comunidade de fé. Há uma metáfora que nos ajuda bem a entender qual é a função da Igreja. Podemos entendê-la como um copo ou uma vela. O copo tem o objetivo de ser um recipiente onde colocamos a água, ou outro líquido, para beber. Quando estamos com muita sede, pouco importa se o copo é de plástico ou se é uma taça de cristal. O que queremos é a água. Assim também é a Igreja em relação a Jesus. Ela é o meio que nos leva a ele, não um fim em si mesma. Do mesmo modo, podemos tomar o exemplo da vela. O mais importante, quando falta luz em nossa casa, não é a beleza da vela, se ela tem adornos ou se tem uma cor que seja de nosso agrado. O mais importante é a luz que ela nos proporciona. Então, você pode se perguntar: Mas a Igreja não tem importância nenhuma? E eu respondo: Claro que tem! Afinal, é mais fácil ter um copo para tomar água, que a cada vez ir com as mãos na bica ou na beira do rio para levar a água até a boca. Da mesma maneira, é mais fácil ter a vela, caso contrário, poderíamos pôr fogo na casa inteira. Em linguagem teológica, podemos dizer que a Igreja é um meio privilegiado para a ação de Deus ou para entrarmos em contato com ele, mas Deus transcende a Igreja. Como diz o texto bíblico: "O Espírito sopra onde quer" (Jo 3,8).

A Igreja se realiza, então, como sacramento de Deus, como presença e sinal dele. Sendo o sacramento um sinal visível que manifesta uma realidade invisível, a Igreja pode ser assim entendida, pois manifesta no seio da comunidade cristã a presença de Deus. Como sacramento, a Igreja possibilita a vivência do mistério divino no meio da comunidade cristã. Ela torna-se lugar onde a vivência de Deus se faz possível e acessível.

É a comunidade cristã um lugar privilegiado para que o jovem se encontre com Deus e construa uma vida de espiritualidade. Contudo, se considerarmos a pastoral juvenil no ambiente paroquial, encontramos muitas dificuldades. Os antigos instrumentos de trabalho juvenil, sobretudo relacionados à catequese ou a grupos juvenis, não encontram o mesmo espaço na comunidade. Trataremos com mais cuidado desse assunto adiante, mas cabe aqui a reflexão sobre a criação de espaços eclesiais que acolham os jovens, fazendo uso de uma linguagem e de estratégias pastorais que consigam dialogar com as novas gerações.

6. O sínodo realizado em outubro de 2018

Para entendermos a exortação pós-sinodal escrita por Francisco, precisamos compreender o próprio processo sinodal. Ele aponta para uma Igreja de comunhão e participação. O bispo que participa do sínodo não apenas traz sua opinião, mas, sim, representa sua diocese e, principalmente, sua conferência episcopal. No sínodo encontramos a Igreja, unida e reunida, para pensar questões e propor caminhos.

O secretário-geral do sínodo foi o italiano, o Cardeal Lorenzo Baldisseri. A participação brasileira aconteceu com a escolha do Cardeal Sérgio da Rocha, presidente da CNBB e arcebispo de Brasília, que trabalhou como relator-geral do sínodo. O secretário é importante, pois ele organiza as discussões e as participações, sendo o principal responsável pelo andamento do sínodo. O relator tem um papel central na recepção daquilo que for discutido, uma vez que ele que faz a síntese das discussões.

O material produzido pelo sínodo ficou conhecido como *Documento final*. Antes da eleição de Francisco, esse texto não era publicado e as comunidades esperavam a exortação pós-sinodal, sempre escrita pelo Papa. Com Francisco, os sínodos passaram a produzir dois textos distintos: o documento final e a exortação. Isso aconteceu não apenas no Sínodo para a Juventude, mas também no Sínodo para a Família, realizado em 2015.

A respeito do sínodo sobre a juventude, podemos dizer que ele teve boa representatividade da Igreja Católica espalhada pelo mundo. Os participantes foram eleitos por suas conferências episcopais. Foram, ainda, eleitos 47 bispos da Europa, 41 da África, 24 da Ásia e mais 5 bispos pelas conferências episcopais da Oceania.

Continente	Número de participantes eleitos pelas conferências episcopais
África	41
América	45
Ásia	26
Europa	47
Oceania	5
Total	164

Ainda participaram do sínodo 10 superiores-gerais de congregações religiosas, eleitos pela União de superiores-gerais, além 16 chefes de dicastérios da Cúria romana, dentre os quais destacamos o Cardeal João Braz de Aviz, brasileiro que é presidente da Congregação para os Institutos de Vida Consagrada e as Sociedades de Vida Apostólica. Esse dado é importante, pois a pastoral juvenil não se limita ao ambiente paroquial ou às estruturas diocesanas. Muitas congregações religiosas e ordens têm pastoral juvenil a partir de seu carisma. Podemos citar a JUFRA (Juventude Franciscana) ou mesmo os trabalhos juvenis dos jesuítas que são organizados pelo MAGIS.

Participaram também os brasileiros Dom Vilsom Basso, bispo de Imperatriz (MA), o bispo referência da CNBB para a juventude, Dom Eduardo Pinheiro da Silva, bispo de Jaboticabal (SP), que foi o Presidente da Comissão Episcopal Pastoral para a Juventude da CNBB de 2011 a 2015, Dom Gilson Andrade da Silva, coadjutor de Nova Iguaçu (RJ), e Dom Jaime Spengler, arcebispo de Porto Alegre (RS). Todas as dioceses aqui citadas e também as funções exercidas são do período em que o sínodo foi realizado.

Também participaram do sínodo 39 membros, dentre eles cardeais, bispos e padres, nomeados pelo Papa Francisco, e os 15 membros do Conselho ordinário do Sínodo dos Bispos, dentre os quais destacamos o brasileiro Sérgio da Rocha. Os membros que foram nomeados pelo Papa são bispos e cardeais que trabalham no Vaticano ou outros que ele acreditou que poderiam acrescentar algo ao processo sinodal. Os 15 membros do Conselho ordinário têm o objetivo de garantir uma continuidade entre um sínodo e outro.

Por mais que o sínodo seja protagonizado por bispos e cardeais, há sempre certa inquietação no sentido de que outras pessoas sejam escutadas, mesmo que essa prática ainda seja muito tímida. No caso do Sínodo para a Juventude, houve a preocupação de que os jovens fizessem parte do processo, seja pelo questionário utilizado como base para se pensar o sínodo, seja com a participação de jovens como auditores.

O sínodo contou com a presença de 50 auditores e auditoras, que, de alguma forma, se relacionam com movimentos juvenis das mais variadas características pastorais e tendências eclesiais. Destacamos a participação do auditor Lucas Barboza Galhardo, representante do Movimento de Schoenstatt e membro do Comitê Nacional de Coordenação para a Pastoral Juvenil da CNBB. Ele foi o jovem representante do Brasil. E, por mais que os auditores não tenham uma participação explícita nas reuniões sinodais, eles são importantes, seja pelas articulações que conseguem fazer durante o sínodo, seja para o processo de recepção. Eles voltam para seus países com a experiência sinodal, que é muito mais viva que a simples leitura do documento final.

7. O sínodo como processo

O Sínodo sobre a Juventude assume, desde o início, uma lógica muito parecida com a do Concílio Vaticano II: o sínodo vai se construindo. O Vaticano II construiu-se na dinâmica da colegialidade. Os padres conciliares (como são chamados os bispos que participam de um Concílio) foram construindo o Concílio tendo como base a participação. Escutar as comunidades locais, representadas por seus bispos, com seus anseios e questionamentos, era tão importante quanto as decisões conciliares. O Sínodo sobre a Juventude tem uma lógica parecida. Escutar as comunidades locais, com seus anseios, foi parte do processo.

Um dos ensinamentos mais importantes que o Concílio Vaticano II trouxe para a Igreja foi a perspectiva da sinodalidade. O mais importante do Concílio foi o espírito de sinodalidade e colegialidade. O Vaticano II entendeu que o processo é tão importante quanto o resultado. Assim como os bispos participaram do Concílio, também os ministros leigos, os catequistas, a juventude e os cristãos, de forma geral, são chamados a participar das estruturas comunitárias.

Na próxima parte de nosso livro, vamos falar sobre a exortação de Francisco, entrando em características e elementos do texto publicado. Ela é fruto desse processo e traz algumas luzes para a pastoral juvenil.

Sintetizando e apontando horizontes

– Uma evangelização da juventude encontra mais eficiência se for protagonizada pelos próprios jovens. Na prática, isso leva a assumir a estratégia de que o jovem evangeliza o jovem.

– Para obter um melhor trabalho de evangelização da juventude, é preciso reconhecer sua realidade plural e conhecer concretamente os jovens que estão envolvidos na comunidade cristã.

– Também é necessário conhecer os jovens que estão alheios à comunidade cristã, de modo a aproximar-se deles.

– No processo de diálogo com a juventude, é necessário trabalhar a linguagem, que é muito mais que utilizar palavras e expressões. Trata-se de estabelecer uma comunicação eficiente com os jovens, de modo a tornar o Evangelho acessível.

> – A pastoral juvenil é chamada a cultivar a espiritualidade cristã junto aos jovens. Isso significa vivenciar o espírito cristão no contexto juvenil. Assim, a comunidade cristã se torna instrumento e mediação entre Deus e os jovens da comunidade.

Partilha pastoral

No final dos anos 1990 e início dos anos 2000, eu participava de um grupo de jovens em uma paróquia do interior do Estado de São Paulo. Tratava-se de um grupo paroquial que se reunia tomando como base muito da metodologia da Pastoral da Juventude. A cada semana o grupo se juntava para discutir um tema, geralmente preparado pelos coordenadores do grupo ou por algum dos jovens. Depois, ensaiávamos os cantos, pois no domingo éramos responsáveis por cantar na missa da manhã, chamada de missa dos jovens.

A certa altura da caminhada do grupo, tivemos a ideia de organizar um programa de rádio. As paróquias da cidade haviam se unido para organizar uma rádio comunitária que tinha uma programação conjunta. Como uma das integrantes do grupo de jovens estudava jornalismo, ela deu a ideia de que o grupo poderia protagonizar um programa para alcançar os jovens que não participavam de nosso grupo.

Havia uma escala e a cada domingo, das 13 às 14 horas, uma dupla ficava responsável por apresentar um programa que era preparado por todos nós. As falas sobre algum assunto eram intercaladas de músicas. O tema geralmente era religioso. As músicas, decidimos que não seriam. Nossa ideia era dialogar com os jovens que não participavam da comunidade. Mas tomamos como critério que as músicas deveriam ter conteúdo. Então, escolhíamos músicas de bandas como Legião Urbana,

Titãs, e de cantores como Marisa Monte e Lenine, que despontavam na época.

Existiam muitos equívocos em nosso programa de rádio, a começar pela ideia de que jovens que não frequentavam as comunidades iriam interessar-se pelo nosso programa só porque tocávamos músicas que chamavam a atenção deles e que, portanto, para escutar essas músicas, eles também ouviriam nossa mensagem. Mas havia muito envolvimento e comprometimento com os temas, e aprendíamos muito ao prepará-los.

Muitos jovens que participavam desse grupo se tornaram lideranças da comunidade. Outros foram mudando-se da cidade. Outros deixaram de participar da comunidade, como é comum em qualquer grupo de jovens. Mas esses jovens se tornaram boas pessoas, gentis e comprometidas com a vida humana.

O jovem é o melhor agente de evangelização da juventude. E isso acontece porque ele sabe qual linguagem deve usar. Mais ainda, ele é o melhor agente de evangelização, pois age de forma natural, tornando-se presença em meio a grupos juvenis.

A mensagem aos jovens e à pastoral juvenil

Todo texto escrito por um Papa tem o objetivo de orientar a Igreja, seja no modo como ela se organiza, seja nas prioridades que assume. Orienta também sobre a doutrina ou sobre o comportamento, o que costumamos chamar de moral. No caso da Exortação *Christus Vivit*, Francisco traz orientações acerca da vida dos jovens e da relação que eles estabelecem com Deus. Nosso objetivo, aqui, é o de apontar quais são as principais ideias presentes na Exortação *Christus Vivit* e suas possíveis leituras a partir do cenário eclesial atual.

1. O jovem como participante da evangelização da Igreja

É preciso falar ao jovem. Talvez essa seja a grande inovação da exortação do Papa Francisco. Em muitos parágrafos, ele deixa de dar instruções à Igreja e passa a falar diretamente ao jovem do mundo atual. E o que a Igreja tem a oferecer a esses jovens? Ela pode oferecer o seu maior tesouro: Jesus. E isso pode parecer simples, mas muitas vezes oferecemos tudo àqueles que nos procuram, mas temos dificuldade em criar ambientes para que o jovem conheça a pessoa de Jesus.

Outra característica do trabalho juvenil é o saber escutar. Muitas vezes falamos muito e escutamos pouco ou quase nada. Há na *Christus Vivit* a ideia de uma circularidade na relação entre o jovem e a comunidade cristã.

O jovem pode, processualmente, deixar de ser um assistido pela comunidade para se tornar parte dela. Para que isso aconteça, faz-se necessário a criação de espaços de interação entre os jovens e a comunidade cristã.

2. A Exortação *Christus Vivit*

Como já mencionamos, com Francisco os sínodos passaram a resultar em dois diferentes textos. O primeiro, o Documento Final, produzido pelos responsáveis pela assembleia. O segundo, a exortação do Papa. Ela não necessariamente traz o que foi discutido no sínodo. Os processos sinodais e as temáticas discutidas estão presentes no *Documento final*. A exortação é a palavra do Papa sobre aquilo que foi trabalhado no processo sinodal. Contudo, aquilo que o Papa fala, acaba sendo mais relevante para a comunidade cristã e tem maior ressonância.

Francisco deixa transparecer em muitos momentos as bases da espiritualidade e da pedagogia inaciana que levam a crer que o experimentar e vivenciar são formas eficientes para a construção de uma vida cristã. Assim, não basta conhecer quem é Jesus. O conhecimento teológico e doutrinário, mesmo sendo muito importante, não garante uma vivência cristã. Alguém pode conhecer muitas teorias ou todas as bases doutrinárias e bíblicas da Igreja e não se aproximar-se da pessoa de Jesus ou experimentar o seu amor. Do mesmo modo, alguém pode não conhecer a doutrina ou os conhecimentos teológicos acerca da religião, mas ter uma experiência mística mais profunda que a de um clérigo ou de um teólogo. Não se trata de criar uma oposição entre o conhecimento teológico e doutrinário e a vivência cristã, mas de diferenciá-los. A teologia e a doutrina estão a serviço da vivência cristã. Como diz Santo Inácio, no registro de seus exercícios espirituais: "Não é o muito saber que sacia e satisfaz a pessoa, mas o sentir e saborear as coisas internamente".

O raciocínio utilizado por Francisco parte da iluminação da realidade juvenil pelas Escrituras. Jovens da Bíblia como José do Egito (Gn 37,2-3), Samuel (1Sm 3,9-10) e o próprio Jesus são tomados como exemplos de experiências que podem iluminar a vivência juvenil nos tempos atuais. Mas a todo momento Francisco estabelece um diálogo com as Escrituras, como se estivesse em uma leitura orante. Há um constante diálogo entre a vivência juvenil, em âmbito eclesial ou social, e as Escrituras.

3. Estrutura da exortação

Christus Vivit tem nove capítulos que não são divididos em partes. Mas podemos identificar o raciocínio de Francisco. Uma primeira parte traz a fundamentação bíblica para a reflexão acerca da realidade juvenil atual.

O cotidiano é o lugar privilegiado para que o encontro com Deus aconteça. Tal perspectiva é retratada na segunda parte. Esse cotidiano pode ser entendido em âmbito familiar, doméstico ou no dia a dia do trabalho. Mas a ação de Deus também pode ser percebida e vivenciada em âmbito global. O importante é que há praticidade e historicidade no projeto de Deus. Não se trata de uma teoria pastoral ou religiosa, mas de um projeto de vida que deve ser vivenciado.

A parte três traz perspectivas para a pastoral juvenil. A ideia central de Francisco é que o jovem é protagonista de sua própria existência e que ele se descobre como tal em um processo vocacional. A pastoral juvenil, para buscar eficiência evangélica, ou seja, para levar o jovem ao encontro consigo mesmo, com a comunidade e com Jesus, deve envolver esse jovem no processo. O jovem não é o destinatário da ação da Igreja, mas é chamado a fazer parte da comunidade cristã. Para que isso aconteça, fazem-se necessários processos e estratégias pastorais.

Plano geral da *Christus Vivit*

Introdução: Jesus Cristo deve ser vivenciado

Parte 1 – Fundamentação bíblica

Capítulo 1: A vivência da Palavra de Deus

Capítulo 2: Jesus como parâmetro para a vivência cristã

Parte 2 – Espiritualidade cotidiana

Capítulo 3: O cotidiano como lugar privilegiado para a vivência da fé

Capítulo 4: A evangelização da juventude

Capítulo 5: Perspectivas de uma vivência cristã juvenil

Capítulo 6: A vivência do amor cristão

Parte 3 – Por uma pastoral juvenil

Capítulo 7: Pastoral dos/com os jovens

Capítulo 8: A realização do jovem como um processo vocacional

Capítulo 9: O discernimento como forma de construir-se como jovem

Nossa ideia, nos parágrafos que se seguem, não é a de fazer um resumo da Exortação *Christus Vivit*. Queremos oferecer alguns elementos teóricos, reflexões e ideias que dialogam com Francisco e que facilitam o entendimento do texto, que traz uma linguagem acessível e vivencial.

4. Características da juventude atual

Christus Vivit apresenta uma reflexão sobre a juventude a partir do texto de Marcos 10, que mostra uma pessoa que chega até Jesus e pergunta o que deve fazer para ganhar a salvação (ChV 17-18). A passagem bíblica de Marcos não se resume a uma pessoa perguntando a Jesus como se ganha a vida eterna (Mc 10,17), mas indica algumas pistas e reflexões sobre a vivência do Evangelho e o compromisso de vida cristã que possibilita abraçar a salvação. Essa perspectiva serve de base para o diálogo cristão com a juventude.

A juventude é o momento de buscas e expectativas. O jovem quer construir um projeto de vida e busca algumas referências para o seu agir e existir. O texto de Marcos 10 mostra uma pessoa que se aproxima de Jesus e pergunta o que deve fazer para ganhar a vida eterna (Mc 10,17). Mas o que é a vida eterna?

Primeiramente, é interessante percebermos que não se trata de um doente que quer a cura nem de alguém que busca comida ou resolve uma situação prática. Esse homem quer um sentido para a sua vida. Ao ser orientado a cumprir os mandamentos (cf. Mc 10,19), diz que tudo isso já é praticado por ele (cf. Mc 10,20). Mas, se ainda assim ele busca a resposta para a vida eterna, significa que não está satisfeito com a vida que está levando. O homem está insatisfeito.

O sentido da vida não está no cumprimento de normas. Não podemos entender o sentido da vida como se fosse um *check-list* onde ticamos cada coisa que fazemos, com a ideia de que, quando chegarmos no final e nossa lista estiver completa, teremos encontrado o sentido da nossa existência. Muitas vezes podemos praticar todos os mandamentos, ou seja, podemos pôr em prática todas as normas que nos são apresentadas como ideais, mas, na verdade, não estarmos convencidos delas. Mesmo que sejam boas, para nós, elas podem se tornar vazias.

O teólogo Pagola diz que o homem rico sofre de uma "enfermidade mal diagnosticada". Na visão dele, muitas vezes aquele que é considerado bem-sucedido demora para perceber que não necessariamente seu sucesso o leva à plenitude ou à vida eterna. Há na história do cristianismo muitos santos que tinham uma vida exemplar, mas que estavam descontentes, pois não viam sentido naquilo que faziam. E é justamente essa busca que os leva a conseguir viver a santidade.

A juventude é um momento de muitas decisões. E, por mais que não seja fácil fazer escolhas e tomar decisões, a beleza da juventude não é anulada (ChV 17). O homem retratado no Evangelho de Marcos vai embora triste (Mc 10,22). Jesus mostra a ele que a vida plena está em vender tudo o que tem, dar aos pobres e depois segui-lo (cf. Mc 10,21). Ele mostra que é preciso viver com intensidade as opções da vida, sem condições, sem senões. A vida eterna, ou a vida plena, está no modo como vivemos e não naquilo que fazemos.

A vida eterna, que é buscada pelo homem rico, está na inteireza de ser pleno e completo naquilo que ele faz, nas opções e situações vivenciadas na vida. Não confundamos com a postura inconsequente daquele que acha que pode fazer o que quer. Trata-se, na verdade, da plenitude daquele que encontrou o Evangelho, a boa notícia de Jesus e de seu projeto, e que, por isso, não consegue viver alheio à escolha que fez.

4.1. Coração inquieto

Uma das características mais comuns, quando falamos dos jovens, é a inquietude. Podemos também dizer que o jovem é alguém incomodado. Isso porque ele, muitas vezes, não se acomoda. Inquieto, busca construir sua existência, de modo que ela ganhe sentido. Viver, sem sentido, se reduz à sobrevivência.

O Papa entende a juventude como uma etapa da vida que se caracteriza por ser original e estimulante (ChV 22). Original, porque está relacionada à origem das decisões que o jovem toma na construção de seu projeto de vida. É na juventude que a pessoa pensa em sua vida adulta. A juventude também é uma fase estimulante. E isso pode ser entendido não só no sentido de que o jovem traz consigo o ânimo que é próprio dessa idade, mas também na perspectiva de que o jovem estimula também aqueles que o rodeiam, inclusive a comunidade cristã.

A inquietude é uma característica que pode ser vista em vários cristãos e cristãs que, ao longo da história, se tornaram exemplo de pessoas que buscaram um sentido à vida. Agostinho, ainda jovem, sentia-se um buscador, e seu coração inquieto colocava-se constantemente em busca de um sentido para a existência. A princípio, ele se dedicou aos estudos maniqueístas, mas percebeu que isso não o completava. Depois, passou ao estudo e ensino de retórica, mas também não se sentiu pleno. Tinha sua mãe, Mônica, como presença constante que buscava ensinar-lhe os caminhos do cristianismo, mas não se convencia dos conselhos dela.

A inquietude de Agostinho levou-o à descoberta de que aquilo que buscava fora, estava, na verdade, dentro dele. Em sua autobiografia, intitulada *Confissões*, ele relatou que a interioridade humana é espaço privilegiado para que aconteça o encontro com Deus. Não há como separar a busca de Deus da busca de si mesmo. Assim, diz Agostinho: "Fizeste-nos para ti, e inquieto está o nosso coração, enquanto não repousa em ti" (2009, p. 15).

Agostinho também entendia que os amigos eram parte importante de sua vida. Desde bem jovem, ele já contava com a companhia de amigos para divertir-se. No episódio do roubo das peras, também retratado nas *Confissões*, ele concluiu que nem sempre as amizades guiavam o jovem para um bom caminho. Influenciado por seus amigos e junto com eles, Agostinho roubou peras que lhe pareciam muito apetitosas. Mas a presença dos amigos também o auxiliou no seu crescimento. Agostinho se converteu ao cristianismo e, seja em sua vida como presbítero, seja em sua vida como bispo, escolheu não viver sozinho. Ele formou comunidades e conviveu com elas, pois acreditava que as amizades e a vida comunitária podiam levar a Deus.

Inquietos, os jovens precisam da presença dos amigos para que tenham o discernimento necessário e a tranquilidade de encontrar um caminho para sua vida. Muitas vezes a agitação cotidiana e as dificuldades sociais e econômicas tornam-se empecilhos para que eles busquem se realizar. É comum que a necessidade de auxiliar no sustento da família faça com que alguns deles abandonem os estudos e, com eles, seus projetos. Outros são condenados precocemente pelas drogas, pela gravidez na adolescência, em que muitas vezes jovens meninas são abandonadas por seus companheiros e se tornam as únicas responsáveis pelo sustento da criança.

Mas, mesmo com todas as dificuldades, o jovem não deixa de sonhar. Sendo assim, se as famílias, os amigos ou a comunidade cristã não se abrem às necessidades e inquietudes dos jovens, acabam ficando incomodados com elas. Francisco de Assis, ainda jovenzinho naquela pequena cidade italiana, sentia-se desconfortável em dedicar-se às batalhas que eram comuns. Mas a sua inquietude parecia não caber nos planos de sua família. Seu pai, Pedro Bernardoni, queria que Francisco, assim como ele, fosse comerciante de tecidos. Por isso, ao ser questionado pelo pai e pelo bispo a respeito disso, ele se despiu das próprias roupas e as entregou a eles, querendo dizer, com esse gesto, que desejava ser livre para viver seus ideais. Viver em função das aspirações familiares limitava os grandes sonhos de Francisco, que queria dedicar-se à reconstrução da Igreja de Jesus. A história não tem "se". Mas, talvez, se aqueles adultos tivessem dado ouvido aos sonhos e projetos de Francisco, pudessem ter se transformado junto com ele.

4.2. O jovem é um migrante

A inquietude do jovem o leva a constantes buscas e, consequentemente, a muitas mudanças. A juventude, assim como a adolescência, é um período da vida em que essas mudanças são muito naturais. Buscando se construir como pessoa, o jovem abre-se às possibilidades de escolha que a vida lhe apresenta. Por isso, o jovem é um migrante, seja no sentido geográfico, quando busca novos países e regiões para construir sua vida, seja no sentido existencial, quando procura novas situações para realizar-se como pessoa.

Assim como o povo da Bíblia, que constantemente se colocou a caminho para diferentes terras, também Jesus foi um migrante. E essa afirmação pode ser entendida tanto em sentido literal como figurado. Jesus foi migrante por ter viajado ao Egito, fugindo da perseguição de Herodes (Mt 2,13-14), e, também, foi exemplo de um jovem que buscou construir uma vida que tivesse sentido. E isso o levou a constantes transformações. De Nazaré se dirigia constantemente a Jerusalém, como consequência de seu encontro com as pessoas e anúncio do Reino.

Optar por uma possibilidade significa abrir mão de outra. Toda escolha leva à abdicação de tantas outras possibilidades. Por isso mesmo escolher se torna difícil e muitas vezes angustiante. É mais dura a escolha que é determinada por questões sociais e políticas. Os jovens nem sempre têm condições favoráveis para fazer suas opções. Há, por exemplo, o jovem da periferia que precisa escolher entre seu projeto de vida e o sustento da família, a jovem que, por conta de gravidez precoce e abandono do pai da criança, é obrigada a assumir exclusivamente a função de mãe. Ainda, há o jovem que cotidianamente precisa lutar contra a sedução do dinheiro fácil que vem pelo tráfico de drogas.

A migração também acontece como consequência de um movimento existencial de perdas e buscas. Os migrantes são buscadores, geralmente motivados por situações de precariedade social, política e humana.

Nesse processo de procura, o jovem migrante entra em contato com outras culturas e pessoas, o que lhe traz enriquecimento com as trocas e experiências humanas.

O jovem também migra de emprego a emprego. E muitas vezes enfrenta situação de desemprego. Nas sociedades urbanas, onde toda forma de sobrevivência é sustentada pelos ganhos financeiros, o desemprego torna-se uma dramática realidade. E isso faz com que os jovens se sujeitem à realidade do subemprego.

As conjunturas econômicas podem levar o jovem a se submeter ao subemprego ou a um emprego informal. Afinal, ele precisa manter seu sustento. Mas essa situação não deve criar nele a desesperança ou fazê-lo deixar de lado seus sonhos e projetos (ChV 272). A marginalidade financeira pode levar à marginalidade existencial. O jovem da periferia é muitas vezes visto com preconceito; sua cultura, como subcultura; e sua vida, como algo de menor valor.

A situação política mundial leva o jovem a ir em busca de novos lugares para viver. A migração é uma realidade preocupante não somente na Europa. Jovens africanos buscam entrar de forma clandestina, sobretudo, na Itália, mas também na África e na América, por sua localização geográfica. São comuns as notícias de naufrágios e mortes de pessoas, quase sempre por afogamento. Muitos jovens vivem a angústia de não conseguirem se estabelecer no lugar onde moram e, após se decidirem pela migração, percebem que o caminho é tão complicado quanto o que enfrentavam em seu local de origem e que as garantias da chegada e acolhida nesse um novo lugar são um sonho bastante distante.

A imigração dos jovens é uma realidade também no Brasil. A região Norte, sobretudo nos estados do Acre e Amazonas, recebe muitos migrantes. Nos tempos atuais são os venezuelanos que buscam no Brasil a possibilidade de trabalho, sustento e realização. Mas o Norte também já foi entrada para muitos imigrantes haitianos e africanos que, conseguindo entrar através de Peru, Colômbia ou Venezuela, tinham a região Norte como uma porta de entrada para o Brasil. Muitos imigrantes também alimentam o sonho de um trabalho nos Estados Unidos. Mas a dificuldade de obter o visto faz com que essas expectativas se enfraqueçam. Assim, o Brasil se torna algo bem mais viável. Geralmente, o destino escolhido é a região Sudeste, sobretudo a cidade de São Paulo. No entanto, os obstáculos do caminho podem fazer com que o destino final dê lugar às necessidades imediatas. E são muitos os que ficam pelo caminho, conforme acham alguma possibilidade de sobrevivência.

À pastoral juvenil e à comunidade cristã, como também à família, cabe acompanhar o jovem nesse momento em que as mais diversas possibilidades se abrem para ele. Isso porque também é nesse período que se apresentam possibilidades que podem aniquilar a juventude, como as drogas e a violência. Migrar, seja de região, seja de rumos e perspectivas, sempre é difícil. O jovem precisa se sentir amparado para que consiga pensar em seu futuro e vivenciar as oportunidades de seu presente.

5. Jesus jovem é um exemplo para os jovens

A imagem de Jesus que ocupa nossa mente e nosso coração é a que se construiu ao longo da história. Jesus, que viveu na Palestina, é retratado com traços europeus que provavelmente não condizem com as características físicas que ele possuía. Isso é ruim? Depende, porque as pessoas despertam percepções diferentes, dependendo das relações e experiências que têm. Por exemplo, posso achar uma pessoa bonita e, ao compartilhar essa opinião com alguém, sou questionado pela pessoa que diz "nossa, mas aquela pessoa não tem nada de bonita".

O problema não é o físico de Jesus, mas as características que muitas vezes esquecemos que ele tem. Jesus foi jovem e era leigo, e isso é pouco valorizado e, às vezes, é até esquecido. O problema é que clericalizamos a pessoa de Jesus. A Carta aos Hebreus traz a ideia de Jesus como sacerdote único e verdadeiro que, na cruz, é vítima imolada (cf. Hb 8,6; 9,11-14; 9,15). As Escrituras apontam, então, para o entendimento de Jesus como sacerdote, em uma leitura da crucificação como sacrifício verdadeiro. O texto não está referindo-se à ideia de que Jesus era um sacerdote do templo, mas enfatizando que Jesus tinha uma postura sacerdotal, ou seja, que ele ofereceu um sacrifício agradável aos olhos de Deus: sua entrega foi total a um projeto de amor, a ponto de dar a própria vida.

Sintetizando e apontando horizontes

– Para uma evangelização efetiva, o jovem não pode ser somente o destinatário de um conjunto de atividades pastorais. Ele deve ser envolvido nos processos eclesiais.

– Jesus se encontrava com pessoas e transformava suas vidas. Assim também deve ser o contato da comunidade eclesial com os jovens.

– A pastoral juvenil não pode resumir-se a um conteúdo intelectual, por mais que sempre escutemos, e é verdade, que a formação é importante. O jovem que se encontra com Jesus se torna capaz de transformar sua vivência cotidiana, estabelecendo boas relações na família, no ambiente escolar e no trabalho.

– *Christus Vivit* é uma exortação que se dirige à pastoral juvenil, mas também a cada jovem.

– O vigor e a inquietude do jovem devem ser considerados no processo de evangelização. Isso porque não podemos desejar formatá-lo a um determinado comportamento. Qualquer escolha de mudança deve ser consequência do processo de encontro com a pessoa de Jesus.

– A vida dos santos, marcada pela busca de realização e de plenitude, pode servir de referência para que também os jovens busquem construir sua vida cristã.

– A juventude é um período de muitas mudanças. A presença da família e da comunidade cristã pode servir de amparo e segurança ao jovem.

6. As três verdades

Francisco traz um caminho querigmático para o anúncio de Jesus aos jovens, embasado na ideia de três verdades que devem ser anunciadas: Deus te ama, Cristo te salvou e Cristo vive (ChV 111-133). As três afirmações, ou as três verdades, como diz Francisco, têm uma função muito importante: elas possibilitam o diálogo do anúncio do Evangelho com a vida prática e cotidiana dos jovens, evitando que o anúncio se resuma a uma simples teoria.

6.1. Deus te ama

É muito bom escutarmos que somos amados. A psicologia diz que filhos que escutam isso de seus pais crescem mais confiantes, pois se sentem amparados. As palavras têm força e causam impacto em nossa vida. Escutar que Deus nos ama não é diferente. Sentir-se amado por Deus pode fazer muita diferença na vida do jovem.

Mas também é verdade que nem sempre nos sentimos amados. É comum, sobretudo na juventude, que nos sintamos excluídos, isolados e até mesmo desamparados. E Deus não é um consolo para aqueles que não são amados, mas a confiança de que alguém nos ama verdadeiramente (cf. ChV 113).

O amor de Deus está também na valorização de cada pessoa, de cada um de seus filhos (cf. ChV 115). Para experimentar o amor de Deus e vivenciá-lo, é necessário superar a ideia de um deus controlador, que anota cada uma das ações humanas, e abrir-se à imagem de um Deus afetuoso e misericordioso, que está menos preocupado com os nossos erros e mais feliz com a convivência conosco (ChV 115). O amor de Deus é um amor:

> que não se impõe nem esmaga, um amor que não marginaliza, não obriga a estar calado nem silencia, um amor que não humilha nem subjuga. É o amor do Senhor: amor diário, discreto e respeitador, amor feito de liberdade e para a liberdade, amor que cura e eleva. É o amor do Senhor, que se entende mais de levantamentos que de quedas, mais de reconciliação que de proibições, mais de dar nova oportunidade que de condenar, mais de futuro que de passado (ChV 115).

Como toda relação de amor, a relação com Deus se constrói na liberdade, na confiança e na cumplicidade. Ele nos acompanha, nos motiva e se alegra com nossos avanços e possibilidades. Como em toda relação de amor, podemos, vez ou outra, "nos desentender e brigar com Deus", assim como Jacó (cf. Gn 32,25-31). Mas podemos sempre encontrar nele uma presença confiante e amorosa, pois Deus é alguém com quem convivemos cotidianamente e podemos estabelecer uma relação afetuosa.

6.2. Cristo te salvou

A segunda verdade é que Cristo se entregou na cruz para nos salvar (ChV 118). Essa informação é constantemente transmitida em nossas celebrações, nos encontros de catequese e através dos inúmeros materiais de teologia. Mas é preciso voltar à ideia de salvação, pois, quando ela surgiu, sobretudo com o apóstolo Paulo, havia um entendimento de salvação que pode não ser tão claro aos cristãos de hoje.

Paulo afirma a salvação pela cruz, quando relata: "Eu vivo, mas já não sou eu que vivo, pois é Cristo que vive em mim. E esta vida que agora vivo, eu a vivo pela fé no Filho de Deus, que me amou e se entregou por mim" (Gl 2,20). E a salvação continua acontecendo ainda hoje, quando nos é oferecida a possibilidade de abraçar a fé que teve sua plenitude na cruz (cf. ChV 119).

Cabe à pastoral juvenil resgatar a experiência de salvação, sendo entendida na perspectiva de Jesus, que assumiu o projeto do Reino até as últimas consequências, o que resultou em sua entrega na cruz. Separar a salvação do anúncio do Reino e da cruz é resumi-la a uma experiência pós-morte, onde entraremos no céu. Quando assumimos o projeto do Reino, vivenciamos os sinais dessa salvação já aqui, em nossas circunstâncias históricas.

Anunciar ao jovem que Cristo pode salvá-lo significa anunciar o projeto do Reino, a entrega total da cruz e a intensidade do homem de Nazaré, que se abandonou inteiramente ao amor de Deus. Ao olhar o projeto de Jesus e se inspirar nele, o jovem pode abraçar a salvação que lhe é oferecida.

6.3. Cristo vive

A terceira verdade é a que anuncia que Cristo vive. Ela é central na exortação de Francisco não apenas porque dá nome ao documento, mas também porque a ideia do Papa é oferecer uma reflexão sobre o cristianismo como uma mensagem concreta, viva e dinâmica, que, mais que uma teoria, nos oferece uma prática eclesial e pessoal.

Precisamos lembrar-nos dessa terceira verdade com frequência (ChV 124), ou correremos o risco de transformar a mensagem de Jesus em um formalismo ou em uma teoria. Seguimos alguém que continua vivo, acompanhando as comunidades e os cristãos que se reúnem em torno de seu projeto (ChV 125).

O Cristo vivo se torna esperança para a nossa vida. Se ele vive, sua entrega não foi vã, pois seu projeto teve êxito e a cruz mostra-se com sentido (ChV 127). Essa é, provavelmente, a mensagem mais importante que temos para transmitir aos jovens, uma vez que se trata da mensagem querigmática que era anunciada desde o início do cristianismo.

> O *kerygma* é o primeiro anúncio do Evangelho, que proporciona o contato do ser humano com a paixão, morte e ressurreição de Jesus. Na tradição apostólica, o *kerygma* está relacionado ao anúncio que culmina na adesão ao cristianismo pelo Batismo.
>
> Os primeiros cristãos entendiam a vivência cristã no seio da comunidade. O projeto cristão era um projeto comunitário. A *Didaqué*, texto atribuído ao período apostólico, que busca instruir a comunidade cristã, aponta para o cristianismo como caminho de vida que leva o cristão a buscar o amor de Deus e ao próximo (Did 1,2-4), tomando como referência os mandamentos propostos por Jesus (cf. Mt 22,37).
>
> Podemos encontrar nas instruções propostas na *Didaqué* um entendimento do cristianismo como projeto de vida que se concretiza em escolhas pessoais, comunitárias e sociais. O cristão assume sua fé sempre em um contexto histórico específico e busca a realização do Reino no contexto em que vive.
>
> Hoje em dia os processos catequéticos procuram um retorno ao anúncio querigmático que entenda a proposta de Jesus como a do Reino que o leva à cruz e que possibilita a vivência da ressurreição. A

catequese chama esse processo catequético de catequese com estilo catecumenal ou ainda de iniciação à vivência cristã. O catecumenato é o processo pelo qual o novo cristão, que foi iniciado, faz a experiência da Palavra e da vida comunitária e eucarística.

A ideia de uma iniciação à vida cristã aponta para o entendimento de que os processos catequéticos não devem se reduzir a conteúdos intelectuais ou doutrinários. Antes, o anúncio querigmático possibilita um encontro com Jesus que muda nossa existência, pois nos dá a convicção de que o projeto de Jesus é algo vivenciável.

7. Caminhos para a juventude e para a pastoral juvenil

A pastoral juvenil envolve duas linhas de ação: a *busca* e o *discernimento* (ChV 209). A busca diz respeito às estratégias para atrair os jovens, enquanto o discernimento está relacionado às estratégias de trabalho com esses jovens que estão na comunidade cristã. O crescimento deve ter em vista o objetivo de levá-los ao amadurecimento tanto na vivência da fé quanto na vivência de sua humanidade.

a) *Busca:* na busca dos jovens, a melhor estratégia de trabalho é contar com a presença dos mesmos. Eles têm identificação entre si e sabem de suas dores e alegrias. Também conseguem comunicar-se mais facilmente entre si, por fazerem parte da mesma geração. Para que a pastoral de busca seja eficiente, é necessário dar ao jovem liberdade. Eles também precisam ser incentivados.

A linguagem é um instrumento essencial para a aproximação dos jovens. E, para que o jovem se sinta contemplado, há de se aproximar da linguagem do amor, sendo desinteressado e empático. Não podemos confundir a busca com a postura proselitista (ChV 211) daquele que quer atrair os jovens preocupando-se somente com a quantidade.

O *kerygma*, anúncio primeiro que leva ao encontro com Jesus, deve ser revalorizado. Nosso primeiro encontro com a pessoa de Jesus, aquele encontro que nos levou a entendê-lo como sentido para a nossa vida, é o encontro com o Jesus morto e ressuscitado, com o Jesus que viveu intensamente seu projeto do Reino e as consequências da cruz.

b) *Crescimento:* o Papa Francisco faz uma importante advertência. Muitas vezes, a formação dada aos jovens oferece apenas informações morais e doutrinais (ChV 212), sem levar em conta um diálogo com a realidade em que estão inseridos.

O crescimento é resultado de um aprofundamento do *kerygma*. Esse aprofundamento acontece em momentos formais em que a comunidade se reúne para aprofundar a sua fé, mas também durante a convivência. Os momentos de estudo são embasados pela doutrina da Igreja e pelos conteúdos da fé, mas também observam um profundo e sincero diálogo com as circunstâncias vividas pelo jovem, não se vendendo à doutrinação (cf. ChV 215).

Ora, não pensemos que a doutrina ou os conhecimentos morais não sejam importantes para a formação e o crescimento do jovem cristão. Eles são importantes! Mas a pastoral juvenil não deve centrar-se unicamente nesse intuito. Se isso acontecer, o jovem se torna uma pessoa obediente à doutrina, mas não alcança a maturidade que o faz discernir sobre a vontade de Deus em circunstâncias concretas.

A pastoral juvenil que constrói sujeitos cristãos, autônomos na fé, faz uso do estudo das Escrituras, dos ensinamentos da Igreja, sejam morais ou doutrinais, assim como do diálogo com suas circunstâncias históricas, como instrumentos que levam à maturidade cristã.

Nesse processo de discernimento, as Escrituras têm papel central. Os jovens são chamados a estabelecer uma estreita relação com a Palavra de Deus, de modo a iluminarem suas vidas com os ensinamentos que lá se encontram. Para isso, é importante dois elementos: o primeiro é a capacitação de lideranças, preferencialmente juvenis, que possam ter critérios e ferramentas para interpretar os textos bíblicos da forma mais apropriada. O segundo é a criação de espaços de leitura bíblica, de preferência de círculos bíblicos, leitura orante da Palavra, celebrações da Palavra ou mesmo na missa, onde os jovens tenham contato com as Escrituras por meio da liturgia da Palavra.

8. O jovem como protagonista

O protagonismo do jovem acontece dentro da vivência da sinodalidade (ChV 206). Essa palavra é muito utilizada para falar do trabalho colegiado dos bispos. Mas diz respeito também à comunidade cristã que busca "caminhar junto". O jovem é chamado a estar em comunhão com a comunidade na qual está inserido, ao mesmo tempo que deve ser acompanhado pela comunidade.

A pastoral juvenil ou o grupo de jovens não pode ser apartado da comunidade, como se fosse um subgrupo ou um gueto. Ele deve participar do planejamento pastoral da comunidade, ao mesmo tempo que também é abrangido por ele. O "estar junto" leva o jovem a se sentir comunidade por ser contemplado por ela. Isso é parte do processo sinodal.

Outra dificuldade encontrada pelos grupos paroquiais é o do diálogo e da comunicação com os jovens concretos. Muitos grupos juvenis se burocratizaram e não conseguem dialogar com realidades concretas, por mais que tenham ótimos planos estratégicos e formação de lideranças.

8.1. Discernimento

O discernimento é, provavelmente, o melhor instrumento que a pastoral juvenil tem para construir o jovem como protagonista de sua própria história e sujeito da comunidade eclesial.

Francisco retoma algumas informações sobre o discernimento presentes da Exortação *Gaudete et Exsultate*, onde trata do discernimento como importante instrumento no processo vocacional.

O discernimento é importante para a subjetivação da fé. A adesão ao projeto de Jesus é sempre pessoal, pertencente ao sujeito. Mas como percebemos, em situações práticas e concretas, os caminhos que devemos trilhar? Pelo discernimento (cf. ChV 279).

O jovem cristão, assim como todo cristão, pelo discernimento, caminha para a maturidade na fé. O cristão maduro não é um "obedecedor" de regras, nem é contra elas. Mas ele busca discernir, em cada situação, e em diálogo com aquilo que aprende na comunidade cristã, para saber como agir.

Para entendermos melhor o que é a maturidade na fé, vamos compará-la com o processo de educação dos filhos. Quando são muito pequenos, os pais lhes dizem aquilo que devem ou não ser fazer. Isso porque eles não têm maturidade para saber o que é certo ou errado. Conforme as crianças crescem, em algumas situações é saudável que tomem decisões por conta própria. Cabe aos pais darem critérios para que os filhos saibam o que fazer em cada situação. Esse é um elemento importante para a construção da maturidade. Um filho educado para a maturidade será um adulto com mais capacidade de discernimento.

Na vida cristã acontece o mesmo. Vez ou outra nos encontramos diante de alguma situação que nos faz pensar: o que devo fazer? Nem sempre a resposta é clara. Geralmente, nessa situação, procuramos obter o conselho ou a ajuda de alguém, seja de um familiar, um amigo ou o do padre de nossa comunidade. Não seria complicado se tivéssemos que buscar conselho para cada escolha que precisássemos fazer? O discernimento e a maturidade nos tornam aptos para sabermos quando conseguimos escolher sozinhos e quando necessitamos de ajudas e conselhos.

A formação da consciência é parte central da construção da maturidade cristã e, sem a formação da consciência, não é possível o discernimento. Isso porque é a consciência que nos fornece os critérios requeridos para tomarmos decisões. E a relação com Jesus e com a comunidade cristã possibilita um discernimento que nos leva a sermos transformados em Cristo e por ele (ChV 282).

"Uma expressão de discernimento é o esforço de reconhecer a própria vocação" (ChV 283). A juventude é o período da vida em que a pessoa quer encontrar seu lugar no mundo, na sociedade e, para isso, busca construir seu projeto de vida e encontrar o sentido de sua existência. Mas como encontrar esse caminho de realização? Momentos rituais de discernimento são importantes, e cada comunidade deve pensar, conjuntamente, em estratégias de convivência com os jovens.

8.2. Jovens vocacionados

O ser humano é vocacionado: primeiro à vida, dom de Deus. Depois, a assumir sua missão no mundo. O jovem também é um vocacionado, sobretudo, à vivência do amor. Poucos são aqueles que conseguem expressar o amor de Deus com a mesma intensidade que os jovens. Eles se incomodam com as injustiças, ao mesmo tempo que sonham com uma sociedade melhor. Também se sensibilizam com o padecimento do seu irmão, e igualmente se incomodam com o sofrimento de algum desconhecido próximo dele. Assumir esse dom de Deus é assumir-se um vocacionado.

Toda vocação se realiza como movimento de alteridade, ou seja, o vocacionado é chamado a ir ao encontro do outro, do seu próximo, do seu irmão. Nenhuma vocação é autosserviço, mas doação motivada pelo espírito missionário (cf. ChV 253). Ao ir ao encontro de seu próximo, o jovem se torna um vocacionado que auxilia na obra criadora de Deus.

Não podemos, contudo, confundir vocação com fazer atividades na comunidade cristã. Vocação é doação e não atividade. A atividade é um meio que utilizamos para realizar a nossa vocação. Ninguém tem vocação de cantar na missa, de fazer leitura ou de ser coroinha ou acólito. Essas são atividades pelas quais realizamos nossa vocação comunitária de doação e serviço.

A vocação como doação se torna plena e completa quando o cristão entende que ele é chamado a ser doação também na vida em sociedade. É muito comum que o cristão participe da vida social por meio de sua profissão. Ela também é uma doação. O motorista de ônibus não dirige para si mesmo, assim como o professor não ensina para si mesmo e até mesmo o gari não varre unicamente a rua da própria casa. A vida profissional nos leva ao encontro do outro e ao serviço a ele.

Mas também não podemos limitar a vocação à profissão. Isso porque a vocação é realização humana, e muitas vezes a vida profissional não possibilita uma vida plena e realizada. São vários os focos de trabalho escravo ou de subemprego. O desemprego e o trabalho informal também levam as pessoas ao sofrimento. Por isso mesmo, a pastoral juvenil é chamada a estar atenta a essa realidade que é vivenciada pelos jovens. Muitos deles têm dificuldade de entrar no mercado de trabalho ou mesmo de obter uma formação que os qualifique como profissionais.

Outro problema em relacionar profissão à vocação é que muitas vezes a escolha da profissão é feita com base no critério do retorno financeiro. E também há aqueles que, por influência da situação social e econômica em que se encontram, não conseguem fazer suas escolhas. A eles não é dado o direito de se realizarem em sua vocação? Essa ideia é muito limitada e equivocada. Nossa realização pode ser construída por muitos meios. Um deles é através da profissão.

O jovem é vocacionado ao encontro com o outro, e isso pode ser entendido na ação da comunidade eclesial em favor da sociedade. A pastoral juvenil pode levar a sociedade a ser um lugar melhor e mais feliz.

A vocação traz consigo a capacidade de nos lançarmos ao encontro do outro. Assim, torna-se mais fácil o discernimento vocacional quando pensamos "para quem eu sou?", superando a pergunta "o que quero ser?". Isso porque a vocação não é mera realização pessoal, mas uma realização do ser humano que se torna presença na vida do próximo.

Sintetizando e apontando horizontes

– O jovem é chamado a se sentir amado por Deus, a fazer a experiência da salvação e a perceber que a vivência de Cristo muda efetivamente sua vida, dando-lhe sentido.

- A pastoral juvenil tem caráter querigmático, anunciando a Paixão, morte e ressurreição de Jesus e seu projeto do Reino.

- A vida do jovem é marcada por buscas e crescimentos. Com a ajuda da comunidade cristã, ele pode tornar-se sujeito e protagonista de sua própria existência.

- Assumir a vocação significa assumir um projeto de vida motivado pelo encontro com a pessoa de Jesus, que nos leva ao encontro dos irmãos.

9. Pastoral juvenil e família

A família é um núcleo estratégico não somente da pastoral juvenil, como também da pastoral de forma geral. É na família que o jovem se desenvolve como pessoa. É nela, também, que recebemos os primeiros ensinamentos e os valores éticos que carregamos por toda a vida.

Na Exortação *Amoris Laetitia*, sobretudo nos capítulos 4 e 5, Francisco se ocupa da importância da família como ambiente da vivência do amor. Não se trata, contudo, de uma perspectiva formalista de amor, mas de uma perspectiva vivencial. Assim como o amor é a base da vivência do cristianismo, igualmente ele é a base da vivência familiar.

A pastoral juvenil pode ser espaço de valorização da família, e não apenas daquela de que o jovem faz parte, e isso serve para conscientizar esse jovem da importância da família, caso ele venha a formar uma.

Contudo, muitos jovens vivem em famílias destruídas. E isso não tem a ver necessariamente com o modelo familiar, mas com a incapacidade de elas serem ambientes onde se vivencia o amor. As famílias são chamadas a serem ambiente onde se vive o amor, a paciência, a capacidade do diálogo e o serviço (ChV 265).

10. Uma Igreja juvenil

Mas o que é ser jovem? Francisco entende que, mais que uma etapa da vida, ser jovem é um estado do coração (ChV 34). Se a juventude é o momento da vida em que estamos dispostos a aceitar com vigor nossa missão, também a Igreja é chamada a assumir-se como jovem.

O Papa entende que uma Igreja envelhecida é uma Igreja acomodada, presa ao passado e que não consegue colocar-se em diálogo com as pessoas (cf. ChV 35). Uma Igreja jovem se alimenta da Palavra e da Eucaristia, abre-se ao Espírito Santo e se coloca sempre disposta ao encontro das pessoas.

Para uma Igreja mais juvenil, é necessário assumir novos estilos e novas estratégias (ChV 204). Isso vai desde pensar horários, reuniões e planejamento de calendário, até uma flexibilidade pastoral que busque estar atenta às possibilidades de encontro com a juventude.

11. Igreja acolhedora

Jesus é o grande exemplo e referência para a vida cristã, e sua imagem deve ser formulada a partir de sua mensagem, de seus gestos e de suas atitudes. Jesus foi um homem que aceitou como projeto de vida o anúncio do Reino de Deus. E a mensagem de Jesus continua atual, assim como o próprio Jesus continua indo ao encontro dos jovens (ChV 5).

À comunidade cristã cabe agir com caridade, inspirando-se na misericórdia da vida por Jesus (ChV 12-13). A juventude é um momento da vida de sonhos e ideais. Para iluminar a reflexão sobre a postura e missão da Igreja, o Papa faz uso da parábola do pai misericordioso (Lc 15). O filho mais novo é um jovem que sai da casa do pai na busca da realização de seus sonhos. Muitas vezes, nos colocamos em postura de acolhida, mas demonstrando uma postura de um pai autoritário, que impõe condições à acolhida do filho. A comunidade cristã é chamada a ser comunidade acolhedora, assim como o foi o pai da parábola do Evangelho de Lucas.

Acolher! Sem condições. Isso porque, quando colocamos condições para a acolhida dos jovens que buscam a comunidade cristã, não estamos agindo com compaixão, mas negociando a entrada na comunidade. O filho mais novo é acolhido. Qualquer mudança deve vir da consciência e da vontade do jovem, e não das condições colocadas pela comunidade.

Ao acolher, a Igreja torna-se espaço de misericórdia. E isso é muito mais que uma Igreja se preocupar em ter gestos de misericórdia. Ser misericordioso é mais que se ocupar de gestos de caridade, tem a ver com assumir a misericórdia como um princípio motivador da ação evangélica. O teólogo Jon Sobrino entende que a misericórdia é uma atitude central no cristianismo. Mas não se trata de uma obra de misericórdia ou uma obra assistencial. Trata-se, para Sobrino, de um despertar da inumanidade, que muitas vezes é habitual inclusive nas religiões, bem como de ver a verdade vivenciada pelos seres humanos.

A misericórdia assumida como princípio do cristianismo é uma atitude parecida com a postura do samaritano (Lc 10,29-37). Diz respeito a olhar para aquele que, historicamente, está à beira do caminho, buscando construir uma realidade mais justa, sobretudo em favor dos que são socialmente vulneráveis. Assim, o autor entende o princípio misericórdia como uma causa motriz, um motor que ativa a ação cristã:

> Digamos que por "princípio misericórdia" entendemos aqui um amor específico que está na origem de um processo, mas que além disso permanece presente e ativo ao longo dele, dá-lhe uma determinada direção e configura os diversos elementos dentro do processo. Esse "princípio misericórdia" – acreditamos – é o princípio fundamental da atuação de Deus e de Jesus, e deve ser também da Igreja (SOBRINO, 1994, p. 32).

Hoje a psicologia fala da empatia como postura de internalização das experiências alheias, de modo a entender a realidade na perspectiva do outro. Sobrino se refere ao princípio misericórdia como atitude de respeito e empatia diante do sofrimento humano. As verdades vivenciadas por aqueles que sofrem, e não as verdades existenciais.

12. Uma pastoral juvenil "em saída"

O que a Igreja tem a oferecer aos jovens de hoje? O Papa Francisco, na *Christus Vivit*, em muitos momentos fala da importância do anúncio querigmático. Aos jovens deve ser anunciado o amor desinteressado de Deus, e, para isso, temos que nos preocupar em oferecer uma linguagem que lhes seja acessível (ChV 211). O *kerigma* é experiência fundante do encontro com Deus através de Cristo morto e ressuscitado (ChV 213). Deixar o *kerigma* de lado seria um erro grave (EG 165).

Uma das principais propostas eclesiais do Papa Francisco é a de uma Igreja em saída. Trata-se de uma Igreja que vai ao encontro das pessoas, principalmente daquelas que se encontram nas periferias, sejam elas econômicas ou existenciais (EG 20).

É comum que as paróquias e movimentos organizem a pastoral juvenil católica, que se ocupa, sobretudo, da evangelização dos jovens que buscam a Igreja. Mas há muitos jovens que nem sequer pensam na Igreja como um ambiente que acolha suas inquietações. Também há aqueles que não a enxergam como uma instituição de credibilidade, seja por causa da secularização da sociedade, seja por causa da dificuldade da Igreja em dar testemunho de sua fé. Muitos, inclusive, criticam os casos de pedofilia que acontecem dentro da Igreja, e esse tem sido um desafio ao Papado de Francisco.

Secularização

A teoria da secularização surgiu na Europa, sobretudo na segunda metade do século XX, e tinha a ideia de que a religião enfrentava um declínio e caminhava para a extinção. A secularização da sociedade pode ser entendida na perspectiva de uma sociedade em que a religião caminha para o fim. Um dos autores que mais defendeu essa ideia foi Peter Berger, que, na década de 2010, mudou seu pensamento. Segundo Berger, as pessoas não deixaram de viver a religiosidade nem de pertencer às instituições religiosas. A diferença é que essa participação mudou.

Podemos completar a reflexão sobre a secularização com a ideia de laicidade. Ela diz respeito à relação entre religião e Estado. Segundo a teoria da laicidade, o Estado não é religioso, ou seja, é laico. Assim, a religião se limita à vida privada e familiar e, segundo a teoria da laicidade, não deveria ocupar a esfera pública.

Ocupando espaços públicos, a pastoral juvenil "em saída" é chamada a dialogar com questões que transcendem a esfera religiosa. Dessa forma, a pastoral juvenil pode dialogar com movimentos populares, com ambientes universitários ou escolares, e, para que esse diálogo aconteça, não basta a honesta ideia de catequizá-los. A pastoral juvenil deve ser presença cristã nesses meios populares.

Ser popular significa estar próximo do povo (cf. ChV 231). Para que a pastoral juvenil alcance os jovens que não estão na Igreja, faz-se necessário que ela seja acessível. Isso pede que se deixe de lado uma postura julgadora, uma linguagem proselitista, e se assuma uma linguagem que contemple os problemas e aspirações desses grupos populares.

Uma pastoral juvenil que se aproxima das bases mais populares possibilita a formação de espaços inclusivos, onde se constrói um ambiente de discussão de problemas e se aponta para alternativas humanas e sociais (cf. ChV 234). Esse trabalho muitas vezes é feito por grupos juvenis paroquiais, mas também por grupos juvenis ligados a ordens e congregações religiosas.

A pastoral juvenil "em saída" é a expressão mais atual de uma juventude missionária (ChV 239), que não se limita a encontros juvenis no ambiente eclesial e paroquial, mas que vai ao encontro das várias juventudes que muitas vezes não encontram espaço nas paróquias.

Muitas iniciativas missionárias da pastoral juvenil acontecem no período das férias escolares. São vários os colégios católicos que reúnem seus alunos para trabalhos missionários que acontecem em lugares mais pobres (ChV 240).

> ### Sintetizando e apontando horizontes
>
> – A pastoral juvenil deve interagir também com a família dos jovens. A própria família é núcleo estratégico para essa pastoral.
>
> – Mais que acolher os jovens, Francisco fala da necessidade de uma Igreja juvenil.
>
> – Ao acolher o jovem, a comunidade eclesial possibilita que ele vivencie a misericórdia do próprio Deus.
>
> – A pastoral juvenil "em saída" consiste na atitude da comunidade eclesial que vai ao encontro dos jovens, inclusive daqueles que não frequentam os ambientes eclesiais.

Partilha pastoral

Cada ambiente eclesial pede uma pastoral juvenil diferente. Muitas vezes, pensamos que a pastoral juvenil acontece unicamente no ambiente comunitário, o que não é verdade. Durante alguns anos, pude desenvolver um trabalho de pastoral escolar em um colégio católico na cidade de São Paulo. O colégio seguia pedagogia e estratégias pastorais inacianas, e nosso mote era "experimentar Deus em cada coisa". Era comum que usássemos muitos momentos de leitura orante da Bíblia, partilhas e vivências, sempre com base nos parâmetros da espiritualidade inaciana. Muitos dos encontros eram embasados nos exercícios espirituais inacianos, mesmo que isso não ficasse aparente aos jovens que participavam deles. Nós sabíamos como queríamos trabalhar e onde desejávamos chegar e os critérios para que isso acontecesse, e isso era o mais importante.

Mas tínhamos à mão um público jovem muito diverso. Isso a começar pela diferença entre os alunos adolescentes do sexto e sétimo anos com relação aos jovens do ensino médio. Sem contar os do oitavo e nono anos, que muitas vezes se sentiam adultos demais para os grupos de adolescentes e novos demais para o grupo de jovens.

Também tínhamos uma diversidade religiosa muito significativa. Alguns alunos, uma minoria, participavam da comunidade junto com suas famílias. Outros eram cristãos católicos, mas não frequentavam a Igreja. A escola era a comunidade deles. Também tínhamos a presença de cristãos evangélicos, espíritas kardecistas e alunos de outras religiões. A escola tinha a peculiaridade de contar com alunos peruanos, bolivianos e árabes, esses últimos, islâmicos.

Como desenvolver uma pastoral em ambiente tão diverso? Não fazia parte de nossas estratégias buscar a conversão dos alunos. Sempre entendemos que, se isso acontecesse, deveria ser de forma natural, pois instituir algo assim poderia soar como um desrespeito às famílias que confiavam seus filhos à escola. Nossa principal referência era formar boas pessoas. Por isso a pastoral escolar, sobretudo com os jovens, procurava criar ambientes e estratégias de interação.

Tínhamos catequese, grupo de jovens, confissões quaresmais, celebração da Páscoa e Natal, e várias outras atividades e momentos celebrativos que são próprios do ambiente e do calendário católico. Mas sempre com a gentileza e a preocupação de saber que não estávamos em um ambiente onde todos eram católicos. O maior desafio sempre foi perceber a linha que separava o respeito da omissão: uma tarefa bem difícil! Mas a convivência e o conhecimento mútuo nos possibilitavam a vivência fraterna e respeitosa.

Para a pastoral juvenil não existe um caminho certo. Mas não pode faltar a convivência, a empatia e o afeto. Mostrando-nos presentes, o jovem saberá que pode contar conosco quando se sentir confiante ou quando for necessário. Ele sabe que estamos abertos e, o mais importante, que pode encontrar ali um ambiente onde será ouvido e auxiliado, sem ser julgado.

A recepção

Uma das ideias centrais do processo sinodal e também da exortação de Francisco é que o jovem não se limita a ser o futuro da Igreja, como costumamos ouvir nas comunidades. O jovem é Igreja, já no presente, e precisa ser envolvido nos processos comunitários, pois é parte essencial no processo de evangelização (ChV 64).

1. Anunciar o amor de Deus

A pastoral juvenil, assim como toda a Igreja, deve ter claro que o que precisa ser anunciado em primeiro lugar, a cada jovem e a toda pessoa, é o amor de Deus (ChV 112). Também há a clareza de que o amor de Deus é algo concreto e vivenciado, e não apenas uma teoria ou uma sensação. Então, as circunstâncias concretas tornam-se o local onde o jovem pode experimentar o amor e a vivência do projeto de Jesus (ChV 113).

Mas nem sempre a realidade concreta é favorável ao anúncio do Evangelho. Como anunciar o amor de Deus a um jovem que é agredido pelos pais? (ChV 113). Assim, não basta dizer que Deus é um Pai amoroso, se as experiências de paternidade pelas quais os jovens passam não manifestam o amor de Deus (cf. ChV 113).

As experiências vividas na comunidade cristã funcionam como referência e impulso para que os jovens vivenciem o amor de Deus também em suas vidas concretas. Para isso, é importante uma estreita relação com a Palavra de Deus (tema que abordaremos mais adiante) e uma vivencialidade da mensagem cristã. Dessa forma, o jovem será capaz de perceber e experimentar a vivencialidade da salvação.

Não é certo que, ao nos aproximarmos do ambiente eclesial e da opção por Jesus, nos afastemos das amizades que tínhamos ou mesmo dos ambientes onde vivíamos, com o intuito de "vivermos as coisas de Deus". A vida do jovem não deve ser negada, assim como nossa condição histórica não pode ser desvalorizada. Jesus nos salva já aqui, na vida concreta. O jovem pode perceber que as contradições da vida, seja a família que porventura não representa um ambiente de amor, sejam os problemas com as drogas ou a desigualdade social, são ambientes a serem assumidos e vivenciados na perspectiva da salvação (cf. ChV 120).

2. Por uma Igreja empática

A Igreja de Jesus é chamada a chorar os dramas de seus filhos (cf. GS 1). Se a Igreja se torna incapaz de perceber os dramas e angústia das pessoas, corre o risco de se fechar em uma bolha, tornando-se cega ao que acontece ao seu redor. Sentir as dores e angústias das pessoas ou mesmo se alegrar com suas alegrias sempre foi a condição do trabalho de Jesus. Ele era capaz de entrar em contato com aquilo que causava sofrimento às pessoas. Jesus era uma pessoa que cultivava a empatia.

Assim como Jesus, também a sua Igreja é chamada a ter uma postura de empatia. Essa ideia é central no Concílio Vaticano II e fica clara no início da *Gaudium et Spes*, que entende que:

> As alegrias e as esperanças, as tristezas e as angústias dos homens de hoje, sobretudo dos pobres e de todos aqueles que sofrem, são também as alegrias e as esperanças, as tristezas e as angústias dos discípulos de Cristo; e não há realidade alguma verdadeiramente humana que não encontre eco no seu coração (GS 1).

A empatia também é uma atitude a ser assumida pela Igreja diante dos jovens e da realidade vivenciada por eles (cf. ChV 75). Muitos jovens têm morrido por conta da violência, da exclusão e da desigualdade social, e isso incomoda a comunidade cristã e aqueles que são guiados pelo Evangelho (cf. ChV 75). Essas mortes se dão por causa das drogas, seja porque se tornam dependentes químicos, seja pela difícil realidade imposta pelo tráfico (cf. ChV 76). Também muitos são vítimas do suicídio, que tem alcançado números alarmantes nos últimos anos na realidade brasileira. O que fazer diante dessa situação? Chorar. E não por sentimentalismo, mas por incômodo e empatia.

O Papa Francisco entende que chorar é uma atitude de profunda empatia. Chorar é uma atitude daquele que se sente internamente incomodado com a situação que está presenciando (cf. ChV 76). Chorar é diferente de choramingar. Quando choramingamos, tornamo-nos chatos, reclamões, e acreditamos que nossa indignação publicada na rede social irá mudar o mundo. Por sinal, vivemos em um mundo repleto de ativistas de redes sociais, que compartilham *posts* repletos de indignação, mas que não conseguem transformar a indignação em uma postura cotidiana. É interessante compartilharmos ideias nas redes sociais. Mas apenas isso não irá transformar o mundo.

A atitude de Jesus diante da morte de Lázaro nos auxilia no entendimento do choro como atitude de empatia. Jesus convivia com seus discípulos, mas o Evangelho de João também diz que ele tinha como amigos os irmãos Lázaro, Marta e Maria. Eles moravam em Betânia (cf. Jo 11,1), cidadezinha próxima a Jerusalém. É comum, mesmo em outros Evangelhos, encontrarmos a informação de que Jesus havia ido a Betânia, mesmo que o evangelista não cite os motivos (cf. Mt 21,17; Mc 11,12).

Certo dia, dizem a Jesus que Lázaro, a quem Jesus amava, estava doente (Jo 11,3). Mesmo sabendo que a região onde Lázaro vivia era perigosa, pois lá havia muitos judeus que não gostavam dele (Jo 11,8), Jesus decide ir encontrar seus amigos. Contudo, no meio do caminho, ele dá aos seus discípulos a notícia de que Lázaro havia morrido (Jo 11,14). Ao se encontrar com Marta e com o amigo morto, Jesus chora (Jo 11,35).

A empatia de Jesus o leva a um choro comovente. A palavra comoção tem relação com atitude, ação. Aquele que se comove com algo não choraminga, e sim toma uma atitude. Aquele que se comove, move-se em direção a algo, quer mudança, assume uma atitude, assim como Jesus fez, ao reviver Lázaro (Jo 11,38).

3. Interação com os jovens

Uma Igreja empática é aquela que se relaciona com os jovens. Para tanto, é necessário criar espaços de interação, sejam institucionais, vivenciais ou litúrgicos. Porque, se a interação foi apenas no sentido de "ser simpático com os jovens", isso de nada adiantará. O jovem se sente Igreja à medida que esta traz o jovem para fazer parte da comunidade.

Os espaços institucionais são os conselhos comunitários, as coordenações de pastorais e outros organismos que existem nas comunidades. Muitas vezes, não há jovens em tais instâncias. Os espaços vivenciais são os grupos juvenis ou mesmo outras atividades que contemplem a participação desses jovens. E os espaços litúrgicos são as missas e os outros momentos celebrativos.

Outro ambiente de interação é a internet. A Igreja ainda é muito inexperiente no uso das mídias digitais e sabemos o quanto esse trabalho é importante para que a pastoral juvenil consiga assumir uma linguagem que possibilite a comunicação com os jovens. A geração atual não entende a internet como um grande banco de dados, mas como um espaço de interação. Também os influenciadores digitais são importantes para os jovens, tornando-se referência para eles. Contudo, o trabalho católico nas mídias ainda acontece de forma muito institucional.

Como imaginar a evangelização de uma geração que nasceu usando a internet, se ainda pensamos a participação religiosa com elementos analógicos? Os trabalhos de evangelização por meios digitais ainda se concentram na manutenção de uma página na internet ou em perfil nas redes sociais. Na exortação *Christus Vivit*, Francisco fala da importância de uma evangelização que pense nos meios digitais, sem, contudo, cair no romantismo que leva a esquecer os interesses econômicos e políticos que há no uso da *web* (ChV 86-90).

Sintetizando e apontando horizontes

– Ser cristão é mais um projeto de vida que uma teoria ou uma doutrina. As teologias e conhecimentos doutrinários estão a serviço de uma vivência cristã.

– A postura de empatia é imprescindível para a pastoral juvenil, como forma de estabelecer um diálogo existencial entre a comunidade cristã e o jovem.

– A interação do jovem com a comunidade eclesial é a melhor estratégia de pastoral juvenil. Ela evita uma pastoral essencialista, assumindo o critério da participação na comunidade e da maturidade na fé.

4. Os jovens como sujeitos

A construção do jovem como sujeito eclesial foi valorizada no *Documento de trabalho*, onde se entendeu esse jovem não somente como parte da comunidade, mas como parte da sociedade. A comunidade cristã não pode ser um gueto onde ele se reúne para se esconder do mundo (ChV 30). Ela é o lugar do seu amadurecimento, para que, assumindo a missão de batizado, ele seja sal e luz no mundo (cf. Mt 5,13-16). O papel da comunidade é pensar em estratégias de trabalho com os jovens, possibilitando o relacionamento deles com a comunidade, para que sejam efetivamente parte dela.

Os jovens também precisam se relacionar entre eles. A convivência faz com que se ajudem, se apóiem e fortaleçam as relações de amizade. Os amigos são expressão do amor cristão (ChV 30). O Papa Francisco propõe que os jovens evangelizem outros jovens. Essa proposta fica clara, quando ele enfatiza o jovem como o agente da pastoral juvenil (ChV 203).

Na prática, o jovem pode escutar o outro jovem, e essa é uma estratégia muito eficaz. Então, qual a função dos adultos, inclusive do padre? Eles devem acompanhar a pastoral juvenil, oferecendo critérios e caminhos. O adulto é mais importante pela presença acolhedora e pela segurança que transmite do que por aquilo que faz (cf. ChV 203). Mas, para que o jovem se sinta acolhido pelos adultos da comunidade, é necessário que eles tenham uma postura de compaixão. Orientar é diferente de julgar; misericórdia é diferente de falta de critérios.

Desde o *Instrumento Laboris*, o sínodo apontou para a construção dos jovens como sujeitos. Para as comunidades brasileiras, essa expressão não é incomum. O documento 105 da CNBB, sobre a ação dos leigos, fala da necessidade da construção de sujeitos eclesiais (Doc. 105, 119-135).

O sujeito cristão é aquele que se encarrega do seu papel na comunidade, assumindo, também, seu papel como discípulo. Ele sai do lugar comum de cristão anônimo e passivo para se construir como um cristão atuante.

5. Em busca da identidade cristã

O jovem procura construir sua identidade. A pastoral juvenil busca, cada uma a seu modo e a partir de seus pressupostos, oferecer instrumentos para que os jovens se construam como pessoas. Mas todas têm como objetivo propor ao jovem um perfil de conduta cristã que costumamos chamar de identidade. Mas o que é identidade?

Poderíamos dizer que a identidade é aquilo que define a pessoa, seu jeito de ser e suas ideias. Mas definir é delimitar, moldar, estabelecer um critério que é assumido como padrão. O problema desse entendimento é que ele não dá espaço para uma compreensão da identidade como algo que se constrói processualmente, no diálogo com o contexto histórico e cultural em que o jovem vive.

A identidade é traçada conforme nos relacionamos com a sociedade, construindo-nos como pessoa, ao mesmo tempo em que formamos o ambiente onde vivemos. O indiano Homi Bhabha diz que a identidade nunca é algo pronto, mas sim a construção da imagem que temos de nós mesmos, que é criada com base no convívio com a sociedade da qual participamos. A identidade se forma na tensão entre as motivações do indivíduo e as circunstâncias externas e ele. Nessa tensão, o indivíduo é influenciado por seu contexto histórico, ao mesmo tempo que o influencia, mesmo que não na mesma intensidade.

Stuart Hall, culturalista jamaicano radicado na Inglaterra, entende a identidade como consequência do processo de sutura do indivíduo no contexto histórico e cultural no qual se encontra. Para ele, é a identidade que "costura" o indivíduo no contexto em que ele vive. Não somos cristãos na lua, em outro planeta. Muito menos somos cristãos na época de Jesus. Buscamos ser cristãos na cidade, no bairro, na comunidade e na família em que convivemos.

Sendo assim, como definiríamos o ser e a identidade cristã? Somos cristãos à medida que convivemos na comunidade. Vamos descobrindo o que significa ser cristão na realidade onde vivemos. O cristão só é cristão na relação com a comunidade e com a sociedade. Não existe cristão de teoria. Existe aquele que busca, no seu cotidiano, ser cristão.

A identidade cristã também é construída no diálogo entre o sujeito cristão e a comunidade eclesial e social. Não existe um cristão pré-dado. Podemos falar de um ideal cristão, que é o seguimento da pessoa de Jesus. Mas como segui-lo? A sociedade de Jesus era diferente da nossa. O cristão deve ser capaz de fazer as leituras de sua realidade histórica e perceber qual a melhor conduta a assumir ou qual o melhor caminho a seguir. O ideal cristão está definido. Trata-se do ideal do Evangelho. Mas a prática cristã é sempre um dialogar com realidades concretas e dinâmicas. Uma pastoral juvenil deve considerar essas múltiplas realidades e situações vividas.

6. Construindo o sujeito cristão e eclesial

Para entendermos o sujeito eclesial é necessário, primeiro, sabermos quem é esse sujeito. Para isso, vamos dialogar com a sociologia, que entende o sujeito a partir da relação com outras duas categorias: a de indivíduo e ator social. Depois, vamos fazer um diálogo entre essas categorias e o Evangelho de Jesus, principalmente o Evangelho de Mateus. Então poderemos entender como se constitui uma pastoral juvenil que busca a construção do jovem como sujeito eclesial.

Segundo o sociólogo Alain Touraine, o indivíduo é uma categoria que utilizamos para um melhor entendimento da sociedade. Quando desejamos realizar uma análise da sociedade, podemos fazê-la na perspectiva do indivíduo ou do grupo. Assim, nossa visão se direciona ao ser humano que vive em sociedade ou à sociedade como conjunto de pessoas. Podemos também entender que o indivíduo não tem consciência de sua situação diante do cenário social. Já o ator social, esse exerce seu papel de atuação social, participando da construção da sociedade onde vive.

Indivíduo	Sujeito	Ator social
— É uma categoria sociológica. Podemos estudar a sociedade na perspectiva do conjunto ou dos indivíduos; — Lipovetsky entende que o indivíduo não tem consciência de si e por isso pensa que é conforme consome — Touraine entende que o indivíduo é similar à massa.	— Tem consciência de si e do seu papel na sociedade; — Sente desejo de ser ator social.	— É o sujeito que atua socialmente; — Para Touraine a atuação social acontece sobretudo por meio dos movimentos sociais.

Para o filósofo Lipovetsky o indivíduo acredita que se torna sujeito à medida que consome. Dialogando com as ideias do autor, podemos afirmar que, na sociedade atual, as situações da vida giram em torno do consumo, e as relações sociais também possuem contornos de consumo, inclusive a relação com a religião. Não podemos dizer que a religião é consumida, mas ela apresenta traços nesse sentido. É como se a Igreja fosse, na cabeça das pessoas, um grande supermercado, onde elas vão adquirir alguns produtos – ou as bênçãos, ou os sacramentos, ou o atendimento espiritual – e, depois, retornam para sua vida cotidiana, sem constituir um vínculo comunitário.

Podemos entender, então, que o sujeito eclesial é aquele que traz consigo o desejo de agir ativamente na sociedade. Logo, é aquele que quer estabelecer uma ligação mais estrutural com a comunidade eclesial. Ele não se contenta em receber o sacramento. Mais que isso, quer vivenciar os sacramentos na vida comunitária. Contudo, para ele tomar parte mais ativamente, fazem-se necessárias estruturas comunitárias mais participativas. E isso constitui um ator eclesial.

O sujeito eclesial tem como uma de suas características a capacidade de atuar na comunidade cristã. Atuar nos remete ao papel dos atores de teatro ou mesmo de televisão. Eles exercem um papel nas tramas ou novelas. O ator eclesial é aquele que exerce um papel na comunidade a que pertence. Não é mero espectador. Participa das estruturas comunitárias. Mas, para que isso aconteça, as paróquias e comunidades eclesiais devem fortalecer os conselhos pastorais paroquiais e comunitários e mesmo os conselhos econômicos. Também as assembleias são importantes para pensar a vida comunitária e as prioridades pastorais das comunidades. Quando o sujeito, que tem o desejo de ser parte da comunidade, percebe a importância da participação eclesial e consegue efetivamente pôr isso em prática, ele se torna um ator social.

7. Fundamento bíblico para o entendimento do sujeito eclesial

Esses conceitos sociológicos podem, a princípio, não nos remeter ao entendimento religioso do sujeito. Mas é possível fazer uma leitura religiosa dos conceitos, sobretudo observando a relação de Jesus com seus discípulos. O evangelista Mateus traz três tipos de seguidores de Jesus: a multidão, os discípulos e os apóstolos, chamados pelo evangelista de "os Doze".

Em vários momentos, Mateus mostra Jesus pregando às multidões. Aquela multidão que segue Jesus é motivada por vários interesses e necessidades, mas não sabe quem ele é. Está atrás de sinais, curas ou comida, todas essas, necessidades humanamente legítimas. É importante sabermos que no termo original, no grego, a palavra multidão diz respeito aos excluídos que não têm espaço na sociedade.

Também há aqueles que se aproximam do Mestre. Esses são os discípulos a quem Jesus também ensina. No Sermão da Montanha, Jesus se afasta das multidões e ensina aos discípulos (Mt 5,1). Também algumas parábolas, anteriormente contadas às multidões, são explicadas para os discípulos. Os discípulos participam de maneira mais próxima da vida de Jesus. Sentam-se à mesa com ele (Mt 9,10), recebem as explicações das parábolas (Mt 13,36) e até o poder de expulsar demônios (Mt 10,1).

Há também os apóstolos, chamados de os Doze, que têm uma relação de maior proximidade com Jesus. Primeiramente, eles são tratados pelo nome (cf. Mt 10,2; 13,14). Podemos entender que, ao contrário da multidão, os apóstolos são aqueles poucos que auxiliam Jesus na organização de sua missão. A função dos Doze está relacionada à organização de comunidades e à evangelização. Jesus os prepara para dar continuidade a sua missão, proporcionando a eles certa autonomia para saírem também em missão, sem a presença do Mestre (cf. Mt 10,1-42). Por fim, já como os Onze, pela ausência de Judas Iscariotes, Jesus os enviará com autoridade para que anunciem o Evangelho (Mt 28,16-20).

Multidão	Discípulo	"Os Doze"
– Busca milagres; – Busca pão; – Não tem compromisso com Jesus, mas com suas necessidades e interesses; – Para a multidão Jesus ensina em parábolas.	– São interlocutores mais próximos de Jesus; – A eles Jesus explica as parábolas; – Os discípulos assumem um projeto de vida; – Seguem Jesus no caminho.	– Mais que seguidores, são lideranças; – Também são chamados de apóstolos; – São responsáveis pós-pascais pela administração das comunidades.

A relação de Jesus com seus discípulos e com os Doze nos mostra que a comunidade cristã deve ter a perspectiva de ir além da assistência prestada à multidão. Também nos revela, com o exemplo do chamado do cobrador de impostos (cf. Mt), que os discípulos ou os Doze não são um grupo de eleitos, mas um grupo de pessoas que, por se aproximarem de Jesus, se colocam a serviço.

O trabalho com a pastoral juvenil muitas vezes é marginalizado ou desqualificado dentro do ambiente comunitário. Um dos equívocos pode ser o de limitar o jovem ao pertencimento à multidão. A consequência é uma pertença eclesial eventual, onde ele não se sente membro da comunidade ou discípulo de Jesus.

A Igreja, no Brasil, vem refletindo nos últimos tempos sobre os processos catequéticos. Há um certo consenso de que precisamos superar a catequese de sacramentalização. O vasto número de crianças que foram batizadas ou mesmo de jovens que recebem o sacramento da Confirmação não significa adesão às estruturas e à participação comunitária.

Os sacramentos são importantes e fazem parte da vida do cristão. Mas eles não são a meta do processo catequético. Eles são meios, caminhos para o encontro do catequizando com a pessoa de Jesus. A catequese chama esse processo de Iniciação à vida cristã, e entende que toda caminhada eclesial parte de Jesus e chega até ele, ao mesmo tempo que acontece no ambiente eclesial.

No que diz respeito à catequese juvenil, podemos incorrer no erro de limitarmos a pertença eclesial dos jovens ao sacramento da Crisma, sem criar meios de interação entre eles e a comunidade. O sujeito eclesial é aquele que, tendo encontrado a pessoa de Jesus, sente-se impelido à participação comunitária e ao encontro com os irmãos.

8. Transformando os jovens em sujeitos

Para melhor recepção das diretrizes propostas pela *Christus Vivit*, devemos pensar em alguns caminhos práticos. Somente com a criação de ambientes de interação do jovem com a comunidade eclesial é que conseguiremos construir jovens que sejam, de fato, sujeitos eclesiais.

O Papa Francisco entende que o trabalho de pastoral juvenil acontece a partir de duas grandes linhas de ação: a *busca do jovem* para o seguimento de Jesus e o crescimento e desenvolvimento em um caminho que leva o jovem ao *amadurecimento* (ChV 209).

Primeiramente, a pastoral juvenil "busca o jovem" se aproximando dele, e é preciso ter a clareza de que nem sempre ele está na comunidade eclesial. Segundo Francisco, ela deve acontecer "com a gramática do amor, não com proselitismo" (ChV 211). Nosso critério não tem que ser o de encher as Igrejas. A aproximação querigmática, da qual já tratamos, deve propor Jesus como projeto de vida, como horizonte concreto e vivencial. Nosso critério principal deve ser a convivência fraterna e a vida plena. O fato de essas pessoas participarem da comunidade é um outro caso. E se acontecer, devemos acolhê-las com alegria e entusiasmo.

Um segundo momento é o da vivência comunitária, que possibilita ao jovem o amadurecimento, seja humano ou da fé. Esse amadurecimento não vem de uma mera instrução intelectual. O cristianismo não pode resumir-se a um conjunto de regras e proibições, da mesma forma que a comunidade eclesial não pode ser apresentada como um lugar coercitivo (cf. ChV 212). A comunidade é chamada a ser um local de convivência que, assim como uma família, oferece critérios para a vida cotidiana.

9. Caminhos para a juventude

O ser humano sempre busca a felicidade e a realização. Pelo menos ninguém, com saúde física e mental, deseja a infelicidade ou a frustração. A juventude é um período da vida em que almejamos a realização dos sonhos e somos mais propensos a valorizar a busca de sentido da vida. Os jovens facilmente se envolvem com projetos e ideais, sobretudo aqueles que têm sentido para eles.

9.1. Jovens com projeto de vida

Cristo vive! E a mensagem que ele anunciou há dois mil anos ainda é válida para que construamos nossas vidas no hoje da história (ChV 124). Um jovem encontra sentido para a vida quando, concretamente, vislumbra algo pelo qual valha a pena viver. Por isso vemos jovens aderindo a projetos sociais, a voluntariado, a projetos missionários, e buscando a vida religiosa.

Mas também o contrário acontece. Muitas vezes os jovens se sentem desesperançados com um mundo que não lhes oferece nada pelo que valha a pena se dedicar.

Jesus é um bom critério para que o jovem construa seu projeto de vida (cf. ChV 127). E aqui não devemos nos limitar à profissão escolhida ou mesmo ao fato de esse jovem pretender ser padre ou religioso. Mais que isso, o projeto de vida deve ser como a capacidade que ele tem de pensar sua vida, encontrando caminhos de realização.

Francisco aponta três verdades que são a base para a construção de uma vivência cristã: Deus te ama (ChV 112), Cristo te salva (ChV 118), Cristo vive (ChV 124). Essas verdades apontam para uma vivência cristã prática, concreta, vivenciável, e que não se resume a uma doutrina ou teoria, por mais que precisemos pensar na fé que professamos.

Um critério prático e pedagógico para a pastoral juvenil pode ser o resgate dos sonhos dos jovens. Se deixa de sonhar, o jovem compromete seu projeto de vida. Por outro lado, o mundo atual se torna cada vez mais pragmático e os sonhos dos jovens são reduzidos à vida profissional e prática, quando também não, à vida de consumo. Resgatar a capacidade de sonhar é assumir Jesus e seu Evangelho como horizontes para a vida.

Nesse processo, os exemplos são muito importantes (ChV 175). Já ouvimos o ditado popular segundo o qual um gesto diz mais que mil palavras. E, no caso da evangelização da juventude, isso é muito válido. Os jovens buscam viver na radicalidade a mensagem do Evangelho. E a radicalidade aqui deve ser entendida no sentido de estar na raiz, ser intenso, e nunca no sentido de que o jovem é fundamentalista. Isso acontece quando ele não é acompanhado ou orientado.

Cabe à pastoral juvenil proporcionar espaços de interação entre os jovens a comunidade cristã. O exemplo daqueles que dedicaram a vida à causa do Evangelho pode ajudá-los a entender que estão diante de uma proposta de vida. Assim como na família, na comunidade cristã também as referências são importantes e há muitas pessoas que podem partilhar suas histórias de vida com esses jovens. A vida cristã pode, aos poucos, se tornar algo mais concreto, cotidiano e vivencial.

Esse projeto de vida também engloba a vivência social e política. Vivemos em sociedade e não podemos negar essa realidade. Um erro da comunidade cristã é o de se entender como uma sociedade perfeita e apartada da sociedade onde está inserida. O jovem está igualmente introduzido em uma sociedade e vive as consequências das conjunturas sociais e políticas. Mas ele também pode influenciar positivamente a sociedade com a sua participação. O engajamento social é parte importante da pastoral juvenil, e se encontra tanto na sensibilidade que leva os jovens a visitarem asilos quanto no engajamento político que impulsiona a uma participação mais efetiva na esfera pública.

Muitos jovens são exemplo de pessoas que se engajaram num ideal. A jovem sueca Greta Thunberg, por exemplo, assumiu uma vida ativista que propõe a discussão da preservação do meio ambiente. Ao mesmo tempo que ela aborda a necessidade de políticas públicas, trata também de condutas pessoais, como a preocupação com o consumo.

Os jovens da atual geração querem e pedem referências que sejam comprometidas com suas causas. Isso porque buscam referências vivenciais. Saem às ruas para defender suas causas. Assim também a religião, na perspectiva da juventude, deve ser engajada e buscar defender causas humanas (ChV 174).

9.2. Sonhos

Os jovens carregam com eles a capacidade de sonhar (ChV 136-146). Também Jesus foi um sonhador. E uma vida cristã não implica abdicar de sonhar e de alimentar os sonhos. Os sonhos estão relacionados às nossas expectativas, e alguém que não possui o desejo de alcançar algo, vive por viver.

A juventude é uma fase da vida em que os sonhos pulsam. Muitas vezes, os adultos enfraquecem a capacidade que os jovens possuem de sonhar, chegando até a matar seus sonhos. Mas a pastoral juvenil não deve ser assim. Os trabalhos com os jovens devem cultivar os sonhos cristãos, de modo a alimentar a espiritualidade e a vida cristã deles.

Não existe sonho inviável. Assim, sonhar com um mundo livre da violência ou com um mundo que respeite o meio ambiente e se sinta parte dele, motiva o jovem a trabalhar com mais entusiasmo para atingir esse objetivo.

Os sonhos são horizontes e utopias que, como setas, apontam para as direções onde o jovem podem seguir. Nossa sociedade parece ter perdido a capacidade de sonhar. Nossos sonhos, costumeiramente, se relacionam ao consumo. Sonhamos em ter um *smartphone* ou a blusa da última moda. Mas podemos recuperar os sonhos de Jesus, que estão relacionados à construção do Reino.

Não devemos achar que nossos sonhos são irrealizáveis, isso é um equívoco. Primeiro porque nenhum sonho é irrealizável. Segundo porque nos equivocamos pensando que, por exemplo, a paz mundial se construirá com um estalar de dedos. Nem nas histórias cinematográficas de os "Vingadores", onde o vilão Thanos destrói um terço da humanidade com muita rapidez, a paz é construída em um passe de mágica. É certo que o personagem do Homem de Ferro traz de volta toda a humanidade, antes morta, em um estalar de dedos. Mas isso não é sinônimo de paz, pois esta precisa ser construída.

Nosso erro está em não acreditar que as grandes coisas acontecem aos poucos, assim como uma caminhada se efetua a cada passo. A paz mundial é possível, mas ela deve começar a ser estabelecida primeiro na minha casa, no meu trabalho e na minha escola, no bairro onde moro, dialogando com as circunstâncias políticas da minha cidade, do meu estado e país.

Os sonhos inspiram decisões (ChV 141). O jovem que sonha torna-se capaz de fazer escolhas e assumir atitudes que sejam coerentes com seus ideais, em conformidade com os ideais de Jesus e de seu Evangelho.

9.3. Esperança

Vivemos tempos difíceis. Os jovens sofrem com os altos índices de desemprego. Os estudos universitários ou mesmo os estudos técnicos não são tão acessíveis a um jovem da periferia das grandes cidades, que precisa enfrentar o cotidiano sufocante dos transportes coletivos. Esses estudos também não são acessíveis a jovens de pequenas localidades, por se concentrarem, muitas vezes, em cidades distantes.

Para muitos, vivemos tempos de desesperança e de desânimo. E anunciar a esperança parece ser um anestésico para aceitarmos passivamente as contradições e malefícios do mundo de hoje. Mas essa ideia de esperança é equivocada. Esperança não significa assumir uma postura passiva, de alguém que acredita que Deus vai resolver tudo.

Paulo Freire, em sua obra *Pedagogia da esperança*, entende que há uma diferença entre a atitude de "esperar" e a de "esperançar". Quando temos esperança, não esperamos passivamente, como quem acredita que haverá um outro alguém que resolverá a situação. Quando temos esperança, esperançamos, e não assumimos uma atitude de passividade, mas sim de esperança ativa e motivadora.

A esperança nos coloca a caminho, nos faz tomar uma atitude, nos leva à construção de uma alternativa (ChV 139). Esperança nos leva sobretudo à postura de empatia. A esperança é consequência do olhar misericordioso que nos leva a sentir com o outro e, consequentemente, a caminhar junto dele (cf. GS 1).

9.4. Amizade

A juventude é uma das fases da vida onde mais se valoriza a convivência e a amizade. Os jovens vivem constantemente em grupo e gostam de trocar experiências entre si. E os amigos são importantes para o desenvolvimento dos jovens, isso porque, em geral, os incentivam e ajudam a ser pessoas melhores.

Há, contudo, as amizades que podem ser nocivas, levando ao consumo de drogas e bebidas. Essas situações são mais prejudiciais quando os jovens não se sentem cuidados e acompanhados por sua família ou por pessoas que lhe são próximas.

Em determinados momentos, os jovens passam a conviver mais com os amigos do que com a própria família. Contrapor amigos e família é um equívoco. Eles se complementam, sendo, ambos, sinal da presença de Deus. A família deve ser lugar de acolhida do jovem e de suas amizades. É sempre melhor oferecer um ambiente onde eles se sintam acolhidos.

A amizade dos jovens nos lembra de que a comunidade cristã deve ser lugar de convivência e amizade. Muitas vezes, caímos no formalismo e nos esquecemos de valorizar as relações de amizade e afeto dentro do ambiente comunitário. Se a comunidade cristã conseguir espelhar todas essas características, o jovem se sentirá mais atraído à vivência comunitária.

9.5. Viver para a autenticidade

Todo o trabalho da pastoral juvenil tem como principal objetivo a plenificação da vida do jovem. O ser humano é pleno quando consegue realizar-se integralmente. Sendo assim, a comunidade cristã é chamada a ser incentivadora, para que esse jovem assuma seu compromisso cristão também no cotidiano de sua vida. O cristão não é cristão apenas dentro da igreja. Na verdade, é sempre mais fácil ser cristão dentro da comunidade. Lá as pessoas já têm um certo convívio e, por mais que existam alguns conflitos, elas acabam se entendendo. É no mundo do trabalho, da educação, ou na família que muitas vezes não participa conjuntamente da comunidade cristã, que o jovem é chamado a assumir atitudes cristãs.

Uma reflexão é importante: não se trata de falar de Jesus em todos os lugares, muito menos de deixar de falar. Mais que isso, ser cristão é uma atitude daquele que busca viver a autenticidade do Evangelho. Conforme a frase atribuída a São Francisco de Assis, "anuncie o Evangelho sempre e quando preciso, utilize as palavras". Mais do que aquilo que dizemos, é o que fazemos que mostra quem realmente somos.

Sintetizando e apontando horizontes

- Entender o jovem como um sujeito eclesial é tê-lo como parte da comunidade.
- No processo da construção do sujeito eclesial, o jovem se torna parte ativa e integrante dos trabalhos de evangelização da comunidade cristã, mas sobretudo da evangelização da juventude.
- A identidade cristã do jovem se constrói à medida que ele cria uma postura cristã no contexto em que vive, seja dentro ou fora da comunidade eclesial.

10. Ambientes de pastoral juvenil

Como já dissemos, a pastoral juvenil diz respeito a todo e qualquer trabalho eclesial que acontece com e para os jovens. Cada vez mais, a Igreja entende que, se quiser ser eficaz, a pastoral juvenil deve acontecer com os jovens e ser pensada por eles. Muitos conhecem o trabalho juvenil que acontece no ambiente paroquial, com os grupos de jovens ou a Pastoral da Juventude. Mas há também a pastoral juvenil dos colégios, dos grupos juvenis ligados à vida religiosa consagrada e mesmo das pastorais sociais.

Apesar dos diferentes contextos eclesiais, sociais e culturais, todas as inciativas de pastoral juvenil trazem em comum o fato de serem a ação da Igreja junto aos jovens. Vamos pensar em como as ideias e orientações da *Christus Vivit* podem iluminar o trabalho da juventude nos diferentes contextos.

10.1. Pastoral paroquial

A paróquia não é o único modelo de organização comunitária, mas é, com toda certeza, o mais comum e o mais conhecido. Contudo, a paróquia enfrenta um problema já identificado pela Assembleia do Celam de Aparecida, em 2007: o fortalecimento da pastoral de manutenção em detrimento da pastoral missionária. E pede uma conversão pastoral que implica a construção de discípulos que participem ativamente de suas comunidades (DAp 368).

Cada vez mais as pastorais paroquiais apontam para a necessidade de diálogo com as minorias. Isso leva as comunidades a pensarem em diversas pastorais que atendam às mais diversas demandas, e isso é bom. Mas, muitas vezes, essas pastorais se ocupam mais com a manutenção das estruturas comunitárias do que com a evangelização, dedicando pouco tempo àquilo que é próprio do seu trabalho pastoral.

O Documento de Aparecida fala de uma conversão paroquial. É preciso converter a paróquia em instrumento missionário que chegue às pessoas. No caso de nossa reflexão, que chegue aos jovens. Francisco, na *Evangelii Gaudium*, fala da Igreja em saída com uma reflexão parecida.

Duas reflexões nos parecem ser pertinentes, ao tratarmos da pastoral juvenil paroquial. A primeira diz respeito ao quanto nos limitamos a esperar que os jovens se aproximem das comunidades. A segunda tem a ver com o modo como enxergamos os grupos juvenis quando eles se formam e, mais ainda, quando deixam de existir.

Nossas comunidades ainda são muito fechadas em si mesmas, sobretudo quando falamos da pastoral juvenil. Não conseguimos nos colocar *em saída*, de forma a dialogar com os jovens que estão mais próximos da região em que se encontra a comunidade, mas que não se sentem à vontade para se aproximar. Isso em muito se deve à nossa postura e à nossa linguagem. Parece que temos pouco a dar a esses jovens, com nossos discursos mais moralizantes que acolhedores. Cabe pensar no quanto temos a oferecer e, mais ainda, como conseguimos dialogar com aqueles que estão distanciados do nosso meio. E aqui se trata de dialogar mesmo, ouvir o que o outro tem a dizer, escutar suas angústias, seus clamores e também suas alegrias.

Quando formamos grupos de pastoral juvenil, encontramos também outros problemas que merecem nossa atenção. É comum escutarmos que os grupos de jovens nascem para morrer. E isso não é mentira. Afinal, todos crescemos, amadurecemos e um dia deixamos de ser jovens. Seria meio estranho termos um grupo com jovens de oitenta anos, por mais que as pessoas nessa idade tenham, não raramente, um espírito juvenil.

Os grupos de jovens são sim transitórios, e as comunidades precisam se acostumar com essa característica. E mais que reclamar, é preciso aproveitar os momentos em que esses jovens estão presentes na comunidade, sendo presença junto deles.

Também é preciso confiar neles, tratá-los da forma como merecem. É comum vermos comunidades que confiam nos jovens para trabalhos braçais, para arrecadação de alimentos, para campanhas que são feitas de casa em casa. E, apesar de não haver mal algum nisso, muitas vezes a participação dos jovens nas atividades paroquiais se limitam a esse tipo de atividade. Por que os jovens não podem ser ministros leigos ou lideranças comunitárias, passando pelo mesmo critério usado na escolha de ministros e lideranças adultas?

Mais importante do que saber até onde o jovem vai chegar na comunidade, é valorizar o fato de ele estar na companhia da comunidade paroquial. Colocar-se no lugar dos jovens, sentindo alegria com a sua companhia, é a postura de uma pastoral juvenil empática.

10.2. Movimentos e serviços

Além das paróquias e comunidades eclesiais, a Igreja também conta com os movimentos e serviços. Muitos deles se dedicam à juventude, isso quando não nasceram com o objetivo principal de trabalhar com esse público.

De forma geral, é importante eles buscarem contemplar em seu trabalho as inspirações da *Christus Vivit*. Muitas vezes, tais movimentos e serviços podem ser instrumentos privilegiados para a construção de uma pastoral juvenil que consiga proporcionar a adesão ao cristianismo como um projeto de vida que aponta para o Reino.

10.3. Vida religiosa consagrada

Muitas ordens, congregações e institutos de vida consagrada desenvolvem trabalho de pastoral juvenil. Geralmente, eles estão relacionados ao carisma de cada grupo. Esse trabalho é importante não somente para a vida da Igreja, mas para a pastoral juvenil como um todo.

Uma das maiores características da pastoral juvenil protagonizada pela vida religiosa consagrada é que ela chega em lugares e situações onde a comunidade paroquial talvez não consiga. Podemos situar no trabalho juvenil da vida religiosa consagrada os trabalhos com migrantes, com moradores de rua, com colégios, obras sociais, abrigos... dentre tantos outros.

Os grupos de pastoral juvenil promovidos pela vida religiosa consagrada assumem, com mais facilidade, o ideal de uma Igreja em saída. De alguma maneira, eles já se relacionam com os ambientes extraeclesiais. Muitos desses grupos juvenis conseguem dialogar com mais eficácia com pessoas que vivem situações de exclusão, que o Papa Francisco chama de periferia existencial ou que podemos entender na perspectiva da periferia existencial (EG 46). São indivíduos em situação de vulnerabilidade social, mas também existencial, e que, sem o auxílio de outra pessoa, dificilmente conseguirão superar os problemas por eles enfrentados.

10.4. Pastoral escolar

No Brasil existe um número considerável de colégios católicos, gerenciados por congregações e ordens religiosas, além de dioceses. Elas contam com o trabalho de pastoral escolar que funciona conforme os planejamentos pedagógicos de cada escola.

Mas, independente das estratégias e do estilo de trabalho assumido por cada colégio, o anúncio querigmático apresenta-se como parâmetro comum (ChV 222). A pastoral escolar apresenta-se como ambiente privilegiado para o amadurecimento dos alunos e para a construção de sujeitos cristãos.

A postura da Igreja "em saída" motiva a pastoral escolar para que dialogue com as condições históricas, culturais e sociais que fazem parte da vida dos jovens alunos (cf. VG 4). A perspectiva querigmática continua existindo, mas aproxima o mistério pascal da realidade juvenil.

Cabe aqui uma reflexão sobre a multiplicidade dos alunos presentes nos colégios católicos. Na prática a pastoral escolar trabalha sempre com dois públicos: os alunos que são católicos e buscam desenvolver sua fé também no ambiente escolar, e os que não são católicos, mas que de alguma maneira se sentem atraídos pelas atividades realizadas pela pastoral escolar.

Aos alunos católicos a pastoral escolar pode oferecer atividades como catequese, grupo de jovens, além da inserção em grupos que desenvolvem a identidade e o carisma da escola. Esse trabalho deve constantemente estar aberto aos alunos que buscam o catolicismo, sempre em diálogo com a realidade familiar vivenciada por esse aluno.

Mas há também muitos alunos que não são católicos e que estudam nas escolas administradas por dioceses e por ordens, congregações e institutos de vida religiosa consagrada. É grande o número de alunos evangélicos, kardecistas e, também, sem religião. Em alguns locais também há grande representatividade de islâmicos. O trabalho pastoral junto desses públicos se torna um desafio. Assumir a perspectiva ecumênica mostra-se um caminho viável, tanto em perspectiva pedagógica como pastoral.

O ambiente social passa a ser uma alternativa para a construção de jovens sujeitos. Cabe à pastoral escolar a formação de jovens maduros e com consciência cidadã e social. Muitas escolas conseguem, por iniciativa da pastoral escolar, criar ambientes de interação entre os jovens e a sociedade. Tal trabalho é importante não somente pelas transformações sociais, como também pela mudança de consciência dos jovens alunos.

Também a consciência e sensibilidade social são objetivos da pastoral escolar. A pastoral escolar é chamada a se ocupar das periferias, sejam as sociais ou existenciais. Muitos alunos das escolas católicas são de classes sociais mais abastadas e o contato com diferentes realidades sociais e existenciais, tutelado pela pastoral sociais, é parte importante da formação da consciência desses alunos.

Há iniciativas simples como visitas a asilos, a projetos sociais desenvolvidos pelas congregações religiosas ou mesmo a comunidades paroquiais da periferia. Também há caminhos mais maduros e elaborados. Outros colégios trabalham com missões organizadas pela pastoral escolar, mas que contam com a participação de alunos, professores e funcionários. Elas podem acontecer em bairros periféricos, mas também em outras cidades ou até em outros estados, com o intuito de interação entre a comunidade escolar e a comunidade visitada.

10.5. Trabalhos sociais

Os trabalhos sociais são, provavelmente, um dos meios mais privilegiados do contato dos jovens com as pessoas que vivem na periferia, seja a social ou a existencial (ChV 271). Os jovens são socialmente propensos a reflexões acerca de seu espaço na sociedade ou mesmo sobre a própria sociedade. Isso porque eles vivem um momento de muitas escolhas e sentem em seu cotidiano as implicações e influências que a sociedade exerce em suas vidas.

Aqueles que sofrem exclusão social clamam pela presença amorosa da Igreja. Os jovens são pessoas de espírito aberto ao trabalho com os mais excluídos. Esse trabalho pode ser desde a visita a um asilo até o envolvimento efetivo com projetos sociais. O importante é que a pastoral juvenil cultive nos jovens a empatia por essas pessoas.

No ambiente escolar, muitos grupos de pastoral aproveitam os trabalhos sociais oferecidos pelos colégios ou pelas ordens e congregações religiosas ou pelas dioceses como ambiente de participação dos jovens estudantes. Mas muitas vezes esbarramos na dificuldade de organização do trabalho com o jovem. O que é facilitado, quando aproveitamos as estruturas já existentes.

10.6. Pastoral juvenil popular

Uma das maiores dificuldades da pastoral juvenil é dialogar com os jovens que não frequentam o ambiente eclesial. Isso porque de forma geral a comunidade não sabe usar uma linguagem que facilite o diálogo. Francisco fala da importância de uma pastoral popular, que consiga dialogar com o povo (ChV 230-238).

O trabalho juvenil popular traz consigo a facilidade de comunicar-se com vidas e situações concretas, pois não se ocupa pôr primeiro com as regras (cf. ChV 233). Jovens maduros na fé podem ser presença, cada um em seu grupo social específico, tornando-se sinal de esperança e fraternidade ali onde a instituição não consegue ter acesso. Eles também representam a comunidade eclesial com sua presença cristã.

11. Os problemas de uma pastoral juvenil de eventos

A evangelização da juventude, sobretudo em nível de Brasil, tem recebido contornos de religiosidade eventual. O que quer dizer que os jovens buscam eventos e não a vivência comunitária. O problema do evento é que ele não cria a possibilidade de vínculos dos jovens entre em si nem com a comunidade eclesial.

O Papa não citou a Jornada Mundial da Juventude na exortação. Por que ele deixaria um evento tão importante de fora de sua reflexão? Nossa análise pode ser polêmica, mas a JMJ, como um evento, é menos eficiente para a pastoral juvenil do que o trabalho comunitário que acontece em nível local. Além disso, a JMJ é extremamente cara, seja para quem a organiza, seja para os jovens que viajam para fazer parte do evento. Os jovens que participam da JMJ são anônimos no meio da multidão, não contam com o acompanhamento da comunidade e não se transformam em sujeitos eclesiais e sociais.

Se tomarmos por base a relação custo-benefício, a JMJ pouco oferece para uma pastoral juvenil que possibilita um discernimento vocacional. No entanto, ela tem o mérito de ser um evento católico que apresenta Jesus e a Igreja aos jovens. E, portanto, cabe às comunidades e dioceses acompanhar esses jovens que participam das jornadas.

12. Estratégias de pastoral juvenil

Vários são os elementos que podem ser utilizados como estratégia para o trabalho da pastoral juvenil. O importante é que todos eles apontem para a construção de sujeitos eclesiais, abdicando de uma pastoral que fixe seus objetivos no trabalho com a massa de jovens, para construir grupos de vivência e interação. O jovem – assim como todo cristão – é chamado a viver a fraternidade e a comunidade, criando vínculos.

12.1. Momentos de leitura orante

As Escrituras são um instrumento privilegiado para a construção do sujeito cristão que, em contato com a Palavra de Deus, busca iluminação para a sua vida. A tradição do cristianismo valoriza o contato com as Escrituras, e cada vez mais percebemos que esse contato não pode limitar-se à liturgia da Palavra, e sim deve estar presente também no cotidiano.

Os religiosos e religiosas, como também os padres diocesanos, herdaram da vida monástica a Liturgia das Horas. Elas possibilitam o contato não somente com os salmos, mas com a leitura meditativa das Escrituras como um todo. Cada vez mais, leigos e leigas aderem à prática da leitura meditativa que chegou até nós em forma de leitura orante da Bíblia.

Há paróquias que organizam momentos de leitura orante. A catequese, em todos os seus segmentos, tem assumido a leitura orante como instrumento privilegiado de contato dos catequizandos com a Palavra de Deus. Esses momentos de leitura orante podem acontecer, também, nos encontros com os jovens.

Escolhe-se um texto bíblico, que no caso do encontro com jovens pode ser a liturgia do dia ou mesmo uma leitura que esteja relacionada com algo que os jovens estão discutindo e trabalhando. Basicamente, a leitura orante obedece a quatro passos para a meditação do texto:

O que o texto diz em si;

O que o texto diz pra mim;

O que o texto me leva a dizer a Deus;

O que o texto me leva a contemplar.

Em um primeiro momento, o grupo – ou a pessoa, quando a leitura é feita individualmente – busca entender o texto. Cenário, personagens, elementos teológicos, tudo isso é importante. Para que os jovens tenham mais elementos de interpretação do texto, cabe uma constante formação bíblica.

O segundo passo diz respeito ao modo como o texto dialoga com a vida do leitor. É importante que a pessoa se enxergue no texto, que perceba que aquela Palavra é também direcionada a ela. Aqui é desejável a contemplação, colocando-se como um dos personagens. Cabe também focar na palavra, frase ou versículo que mais chamou sua atenção, ou mesmo fazer uma leitura do texto a partir da realidade vivenciada pelo leitor.

No terceiro momento, o leitor é chamado a direcionar-se para Deus. Isso pode acontecer em forma de prece, súplica, louvor ou agradecimento. Depois de entender o texto bíblico e meditá-lo, o leitor se dirige a Deus.

Por fim, o leitor contempla a realidade a partir do texto rezado. Trata-se de perceber os sinais da vida cotidiana a partir da leitura feita, dos gestos e das atitudes que podem ser assumidos, ou mesmo das inquietações que o texto gera. Isso pode ser sintetizado em um canto, um salmo, ou um compromisso de vida.

Existem várias outras maneiras de entender a leitura orante. Mas, de certa forma, elas são variações desses quatro passos. Existem muitos livros e pequenos panfletos que trazem os passos da leitura orante e que podem servir para que os grupos de pastoral juvenil organizem seu trabalho.

12.2. Ambientes de construção de amizade

A amizade é importante para os jovens. Ela já era considerada um bem desde as primeiras comunidades cristãs. Viver em comunidade nos leva a estabelecer laços e relações. Criar um ambiente comunitário que possibilite a construção de amizades é um caminho de evangelização da juventude, afinal, é a relação de afeto que nos leva a vivenciarmos os laços comunitários de maneira mais efetiva (cf. ChV 152).

Uma estratégia antiga, mas ainda válida, é a de proporcionar o encontro dos jovens em pequenos grupos (ChV 168). Isso dá espaço para interação, construção de amizade, além da vivência fraterna. Também possibilita que os jovens vivenciem a comunidade cristã como local de acolhida e integração. Os pequenos grupos são ainda um caminho alternativo para as práticas pastorais eventuais, que contrariamente não levam a uma interação com a comunidade cristã.

Sintetizando e apontando horizontes

- A pastoral juvenil acontece em vários ambientes: paróquias, movimentos e serviços, na vida religiosa consagrada, na pastoral escolar, nos trabalhos sociais e na pastoral juvenil popular.

- Em todos os ambientes há em comum o ideal da construção do jovem como sujeito e do envolvimento dele no planejamento e execução dos trabalhos pastorais.

- A pastoral juvenil que se pauta unicamente na realização de eventos pode incorrer no erro de não possibilitar o envolvimento do jovem com a comunidade eclesial, limitando sua vida comunitária à participação dos eventos.

- A Palavra de Deus é o instrumento central da pastoral juvenil, seja nos grupos juvenis, seja na celebração das missas.

Partilha pastoral

Envolver os jovens no processo de planejamento da pastoral juvenil pede comprometimento da comunidade eclesial. Nenhum exemplo serve para ser levado à risca, mas sim para sinalizar que processos são possíveis, desde que consideremos as circunstâncias históricas de cada comunidade.

No final da década de 2000, eu participei de uma paróquia no interior de São Paulo. Ali foi possível organizar um lindo trabalho de assembleia paroquial. A pastoral de cada uma das comunidades se reuniu para avaliar e identificar as dificuldades e os acertos de seu trabalho. Transformamos as dificuldades em propostas pastorais e, na assembleia paroquial, ficou estabelecido que a prioridade pastoral para os dois anos seguintes seria dada à pastoral juvenil.

Grupos paroquiais foram fortalecidos, e pudemos contar com a formação dos catequistas de crisma e das lideranças juvenis. Os adultos passaram por um processo de formação para entender que o trabalho juvenil não poderia acontecer nos mesmos padrões da pastoral convencional. Enfim, a paróquia, como um todo, se dedicou à pastoral juvenil.

Uma das iniciativas mais belas, e que até hoje acontece, foi a de uma missão organizada com os jovens da paróquia, que tinha como finalidade levá-los a outra paróquia da diocese para uma semana de atividades. Reunimos cerca de quinze a vinte jovens. Selecionamos os mais maduros ou que já tinham uma certa experiência comunitária. E, durante uma semana, realizamos atividades em uma pequena cidade da diocese. Provavelmente deveria ser a menor cidade da diocese, além também de ser carente de lideranças. Aconteceram círculos bíblicos, visitas às casas, participação em missas, encontros com jovens e com as crianças, idas a asilos, e até a oração do *Angelus* era feita diariamente, às 18 horas, nos alto-falantes da torre da igreja matriz.

Os jovens dormiram nas casas de famílias do local, e o principal objetivo disso era a interação entre eles e as pessoas da paróquia que estávamos visitando. Sempre procuramos deixar claro que o sucesso das atividades, chamadas de "Missão Jovem", estava na qualidade das relações e não na quantidade de atividades feitas.

Os jovens voltaram diferentes dessa experiência, mostrando-se mais conscientes de seu compromisso batismal, entusiasmados com as atividades do cotidiano, e mais maduros, a ponto de entenderem que a experiência cristã acontece quando percebemos a presença de Jesus na relação com o irmão.

Depois disso, a cada ano, no período das férias escolares, um grupo de lideranças juvenis, acompanhado por lideranças adultas e por seminaristas, viaja para alguma paróquia da diocese para.... conviver. E a presença de adultos e de seminaristas tem como intuito apenas para dar apoio e mostrar que aquele era um compromisso da paróquia e não apenas da pastoral juvenil.

Conclusão
E o que fica do sínodo?

Tanto o Sínodo para a Juventude quanto a Exortação *Christus Vivit* seguiram a perspectiva do Concílio Vaticano II de oferecer reflexão e orientações, mas não regras a serem seguidas. Por isso mesmo o Papa Francisco não traz um conjunto de leis a serem implementadas, mas um espírito de diálogo entre a pastoral juvenil e os jovens.

Se pudéssemos sintetizar uma orientação que servisse a toda pastoral juvenil, poderíamos falar de uma Igreja que se ocupa menos em trabalhar "para o jovem" e que passa a trabalhar "com o jovem". Quanto mais envolvermos os jovens no processo pastoral, mais eficaz será o nosso trabalho. Isso porque criaremos um jovem com consciência e pertença eclesial.

Outra orientação é que, mais importante do que "aquilo que se faz", é "como se faz". Os resultados de uma pastoral juvenil eficiente não são medidos por quantidades, mas pela qualidade. Claro que, se tivermos quantidade com qualidade, é melhor ainda, mas não podemos nos "vender" à quantidade a qualquer custo. Na prática, torna-se importante termos jovens que consigam estabelecer vínculos comunitários, humanos e afetivos no ambiente eclesial.

Por fim, fiquemos com a mensagem profunda que o Papa Francisco nos traz logo no início da exortação: Cristo vive! Temos um belo projeto de vida, baseado em alguém que, há dois mil anos, anunciou o Reino, pregou o Evangelho, curou enfermos e conviveu com seus discípulos e discípulas. Essa é a referência que motiva a pastoral juvenil a tornar-se sinal de vida, e de vida em plenitude (cf. Jo 10,10).

Bibliografia

AGOSTINHO. *Confissões*. 21. ed. São Paulo: Paulus, 2009.

BERGER, Peter. *O dossel sagrado: elementos para uma teoria sociológica da religião*. São Paulo: Paulus, 2013.

_____. *Os múltiplos altares da modernidade: rumo a um paradigma da religião numa época pluralista*. Petrópolis: Vozes, 2017.

BETTO, Frei; BOFF, Leonardo. *Mística e espiritualidade*. 2. ed. Petrópolis: Vozes, 2014.

BHABHA, Homi. *O local da cultura*. 2. ed. Belo Horizonte: UFMG, 2013.

CELAM. *Documento de Aparecida*. Texto conclusivo da V Conferência Geral do Episcopado Latino-americano e do Caribe. Brasília/São Paulo: CNBB/Paulus/Paulinas, 2007.

CNBB. *Cristãos leigos e leigas na Igreja e na sociedade*. São Paulo: Paulinas, 2016. (Documentos da CNBB, 105.)

_____. *Diretrizes gerais da ação evangelizadora da Igreja no Brasil 2019-2023*. Brasília: Edições CNBB, 2019. (Documentos da CNBB, 109.)

DIDAQUÉ. Instrução dos apóstolos. Petrópolis: Vozes, 2019.

FRANCISCO. *Evangelii Gaudium*. São Paulo: Paulinas, 2013.

_____. *Amoris Laetitia*. São Paulo: Paulinas, 2016.

_____. *Veritatis Gaudium*. São Paulo: Paulinas, 2017.

_____. *Gaudete et Exsultate*. São Paulo: Paulinas, 2018.

_____. *Christus Vivit*. São Paulo: Paulinas, 2019.

FREIRE, Paulo. *Pedagogia da esperança*. Rio de Janeiro: Paz e Terra, 2013.

GRÜN, Anselm. *A fé dos jovens*. 2. ed. Petrópolis: Vozes, 2014.

HALL, Stuart. *A identidade cultural na pós-modernidade*. Rio de Janeiro: DP&A, 2006.

LELO, Antonio Francisco. *Catequese com estilo catecumenal.* São Paulo: Paulinas, 2014.

LIPOVETSKY, Gilles. *A felicidade paradoxal: ensaio sobre a sociedade de hiperconsumo.* São Paulo: Companhia das Letras, 2007.

LOYOLA, Inácio de. *Exercícios espirituais.* São Paulo: Loyola, 2000.

MARCHINI, Welder Lancieri. Educação para a formação de sujeitos eclesiais. In: OBSERVATÓRIO ECLESIAL BRASIL. *Todos somos discípulos missionários: Papa Francisco e o laicato.* São Paulo: Paulinas, 2017. p. 131-140.

_____. *Paróquias urbanas: entender para participar.* Aparecida: Santuário, 2017a.

_____. O jovem como sujeito eclesial. In: SILVA; PRADO; SILVA. *Escolhendo Jesus: jovens cristãos para uma nova sociedade.* Petrópolis: Vozes, 2018. p. 91-126.

MIRANDA, Mario de França. *Igreja sinodal.* São Paulo: Paulinas, 2018. (Coleção Teologia do Papa Francisco.)

OBSERVATÓRIO ECLESIAL BRASIL. *Todos somos discípulos missionários: Papa Francisco e o laicato.* São Paulo: Paulinas, 2017.

PAGOLA, José Antonio. *O caminho aberto por Jesus: Marcos.* Petrópolis: Vozes, 2013.

PASSOS, João Décio. *A alegria do amor: roteiro de leitura da Exortação Apostólica Pós-sinodal* Amoris laetitia. São Paulo: Paulinas, 2016. (Coleção Ecos de Francisco.)

SANTOS, Milton. *Por uma outra globalização: do pensamento único à consciência universal.* Rio de Janeiro: Record, 2013.

SÍNODO DOS BISPOS. *Os jovens, a fé e o discernimento vocacional.* Brasília: Edições CNBB, 2018. (Documentos da Igreja, 51.)

SOBRINO, Jon. *O princípio misericórdia: descer da cruz os povos crucificados*. Petrópolis: Vozes, 1994.

TOURAINE, Alain. *O que é a democracia?* 2. ed. Petrópolis: Vozes, 1996.

_____. *Poderemos viver juntos? Iguais e diferentes*. 2. ed. Petrópolis: Vozes, 2003.

_____. *Crítica da modernidade*. 9. ed. Petrópolis: Vozes, 2009.

Rua Dona Inácia Uchoa, 62
04110-020 – São Paulo – SP (Brasil)
Tel.: (11) 2125-3500
http://www.paulinas.com.br – editora@paulinas.com.br
Telemarketing e SAC: 0800-7010081